La grâce de dieu

Jean Noli

La grâce de dieu

roman

FRANCE LOISIRS
123, Boulevard de Grenelle, Paris

Edition du Club France Loisirs, Paris
avec l'autorisation des Editions Julliard

A Basile

1

— Regardez ! dit Basile.

Dans le petit port où stagnait l'odeur forte du goémon séché, les hommes levèrent la tête. Alors ils aperçurent un spectacle stupéfiant : dans l'air figé de ce dimanche de juin particulièrement torride, une interminable procession approchait dans un bruissement d'ailes. Par centaines, les mouettes et les goélands, comme répondant à un appel inaudible pour l'homme, avaient quitté les rochers crénelés du large et approchaient de l'île. Perdant de l'altitude avec un ensemble majestueux, ils se dirigeaient vers le centre du pays.

— Qu'est-ce qui leur arrive ? demanda Lucas, et sa grosse voix résonna dans le port.

Tel un énorme nuage, les oiseaux formaient un cercle sombre qui tournoyait, discipliné, au-dessus des maisons basses du village, reprenaient de l'altitude en criant, planaient puis redescendaient brusquement. A l'évidence, ils cherchaient quelque chose.

Avec des mouvements agiles pour un homme de sa corpulence, Basile enjamba la lisse épaisse du

Deo Gratias, un gros cotre breton à la coque verte, son bateau. Les autres, qui en ce jour de repos préparaient comme lui leurs gréements de pêche, l'imitèrent, laissant en plan leurs filets, leurs casiers, leurs cordages. Silencieux, étreints par une appréhension irraisonnée, ils empruntèrent par petits groupes le chemin de terre conduisant aux maisons à travers le grand champ. Ils n'étaient pas seuls à marcher vers le village. Du vieux fort en ruine bâti sur la butte qui surplombait le champ, les enfants, abandonnant leurs jeux, couraient à perdre haleine, attirés par l'impressionnant rassemblement des oiseaux. Maintenant, les mouettes et les goélands, avec des cris de plus en plus stridents, se posaient sur le toit du presbytère, le plus haut de l'île. Ils se bousculaient en battant des ailes tandis que ceux qui n'avaient pu trouver une place continuaient de tourbillonner.

Précédant les hommes d'une bonne vingtaine de pas, dépassé par les enfants qui ralentissaient l'allure, soudainement effrayés par toutes ces ailes blanches et grises s'agitant à quelques mètres au-dessus de leurs crânes rasés, Basile se sentit à son tour envahi par la crainte. Instinctivement, il s'empara d'un bâton appuyé contre le mur chaulé de la maison d'Antoine, prêt à se défendre. Mais les oiseaux ne manifestaient aucune intention belliqueuse : ils continuaient à décrire de grands cercles et leurs cris gutturaux ressemblaient davantage à des appels qu'à des menaces. Basile s'était arrêté. Du revers de la main gauche il avait essuyé la sueur qui glissait sur son visage. Le gros drap bleu délavé de sa marinière et de son pantalon lui collait à la peau. Les enfants s'étaient rassemblés derrière lui, sous sa protection. De toutes les maisons du pays, les femmes vêtues de noir accouraient, excitées par le spectacle inusité et inquiétant. Chaque mère empoignait son rejeton et le pressait contre son giron. Combien de temps fallut-il aux mouettes et aux goélands pour envahir le ciel de l'île, nul n'aurait pu le dire. Mais tous les habitants du village, à l'exception des vieux, demeurés sur le pas de leur porte, se tenaient figés devant le haut mur qui ceinturait la maison du recteur.

C'est alors que Pierre-Marie apparut. Il arrivait du champ de l'ouest qui se rétrécissait vers l'une des pointes de l'île, où il avait fauché du foin. Le maire était de petite taille mais redoutablement râblé. Avec rudesse il se fraya un passage dans la foule, talochant les enfants, jouant des épaules et des coudes. Enfin il fut près de Basile. A cause du vacarme des oiseaux dont les cris de plus en plus aigus semblaient témoigner l'impatience, il eût été inutile d'essayer de parler. D'un signe de la tête, Pierre-Marie demanda à Basile de le suivre. Alors que les autres restaient derrière, immobiles, n'osant s'approcher davantage du domaine du curé, le maire, en quelques enjambées, se trouva près du portail de bois surmonté d'une croix. Après une brève hésitation, la grosse main calleuse de Pierre-Marie fit jouer le loquet et ouvrit un battant. Au même moment les oiseaux, ceux qui recouvraient le grand toit d'ardoise, comme ceux qui volaient inlassablement, déclenchèrent un tumulte assourdissant presque insoutenable. Pierre-Marie leur décocha un rapide regard hostile puis il s'engagea dans la petite allée de dalles qui, traversant le jardin fleuri du recteur, menait à l'imposante bâtisse de pierre. Basile était sur ses talons, pas rassuré. Confusément, il pressentait qu'un phénomène inexplicable, qu'un événement qui dépassait sa compréhension, que quelque chose de surnaturel était en train de se produire. Le soleil était encore chaud. Côte à côte devant la porte étroite et basse, Pierre-Marie et Basile se regardèrent encore puis, avec résolution, le maire agita la sonnette. Il leur paraissait étonnant que l'abbé Thomas ne fût pas lui-même sorti pour contempler l'invraisemblable comportement des oiseaux. Pour Pierre-Marie et Basile, comme pour les autres, il y avait là un signe du ciel ou bien un message que seul l'homme de Dieu pouvait leur expliquer. Avec une impatience mal contenue, Pierre-Marie fit de nouveau tinter la cloche. Là-haut, les mouettes et les goélands s'égosillaient toujours. Mais leurs cris avaient graduellement perdu leur tonalité rauque, s'étaient mués en une sorte de sifflement semblable à une plainte monotone.

Se penchant vers l'oreille de Pierre-Marie, Basile fit remarquer : « Ce n'est pas normal. » Ce n'était pas normal, en effet, que l'abbé Thomas ne fût pas déjà venu ouvrir. Le vieux recteur, malgré son langage vigoureux — du haut de sa chaire, lors du sermon, il ne mâchait guère ses mots pour agonir ceux qui s'étaient livrés aux excès de boisson et celles qui avaient péché par frivolité — n'avait pas l'habitude de faire attendre ceux qui venaient frapper à la porte du presbytère à n'importe quelle heure. Sa haute silhouette décharnée apparaissait presque aussitôt dans l'encadrement. Il répondait simpleplement : « L'homme ne choisit jamais l'heure de sa naissance ni celle de sa mort. » Et les yeux bouffis, la soutane mal boutonnée gonflée par le vent comme une voile noire, il s'élançait pour administrer baptêmes ou extrêmes-onctions.

Après une nouvelle attente, se dressant un peu sur la pointe des pieds. Pierre-Marie dit à son tour à Basile : « Il est arrivé quelque chose. » D'un geste décidé il ouvrit la porte, entra, fit quelques pas dans le sombre petit couloir. Basile, derrière lui, referma la porte. A l'abri des murs épais, ils éprouvèrent un sentiment de bien-être ; on entendait à peine le tohu-bohu des oiseaux, et ce brusque passage dans le demi-silence tout en les étourdissant les soulagea. Ensemble, ils ôtèrent leur casquette de drap qu'ils tinrent devant eux avec cette déférence qui remontait à leur enfance, du temps où on leur avait enseigné à respecter tout ce qui était voisin du Seigneur. Pierre-Marie et Basile se regardèrent gênés. Personne, avant eux, n'avait jamais eu l'impudence d'entrer dans la maison du recteur sans qu'on l'en eût prié. Mais le jour était exceptionnel. Dans le couloir, où flottaient des odeurs de cire, de poisson, de beurre et d'encens qui se mélangeaient curieusement, une porte, à droite, donnait sur la cuisine. Une seconde porte peinte en marron foncé, au fond à gauche, sur une vaste pièce qui servait de salle à manger et de bureau. C'était là que le recteur tenait à jour les paperasseries de l'église et de la mairie dont il était le premier secrétaire. En tout 437 administrés, une petite communauté isolée par la mer qui possédait ses anges et ses démons.

Au moment précis d'ouvrir la porte du bureau, Pierre-Marie, à son tour, ressentit une désagréable anxiété lui serrer la gorge. Pendant un bref instant il eut envie de rebrousser chemin. S'il avait été seul, il serait sans doute reparti silencieusement mais Basile était là qui le fixait de ses yeux incroyablement bleus. Aucune retraite n'était possible. Aussi, malgré le pressentiment qu'il allait au-devant d'une découverte douloureuse, Pierre-Marie tourna la poignée. Le tumulte des oiseaux les assaillit de nouveau. Les deux fenêtres de la pièce étant ouvertes, on pouvait apercevoir des mouettes et des goélands qui volaient et d'autres, innombrables, posés dans le jardin intérieur du presbytère, qui se balançaient sur leurs pattes. Les oiseaux étaient extrêmement agités. Quelques mouettes, plus audacieuses, s'étaient postées sur les rebords des fenêtres, le bec ouvert, dodelinant de la tête, criant sans relâche. La pièce était en ordre. Bernadette, la bonne du curé, avait tout rangé. Au centre de la longue table au plateau épais et astiqué, était posé un petit bouquet d'œillets sauvages. Les chaises cirées étaient bien alignées autour. Sur le garde-manger, dans une assiette, il y avait les restes d'un gâteau. Les dossiers de la mairie étaient soigneusement empilés sur le petit bureau à tiroirs.

Dans le coin de la pièce situé au nord-est, le plus frais et protégé par l'ombre, un grand crucifix était accroché au mur au-dessus d'un prie-Dieu. C'était là, dans ce recoin qui paraissait à l'écart du monde, que se tenait l'abbé Thomas. Il était assis dans son fauteuil de velours vert aux ressorts fatigués, son missel entre les doigts, les jambes jointes dans cette attitude de repos et de méditation que tous les îliens lui connaissaient bien. Sa nuque, légèrement inclinée, était abandonnée sur le dossier rembourré. Ses yeux très gris étaient grands ouverts mais ne voyaient plus rien. Le recteur était mort.

— Va prévenir les autres ! ordonna Pierre-Marie.

Basile eut du mal à s'arracher de sa place. Ce n'était pas la première fois qu'il rencontrait la mort et il avait même vu ces affreux cadavres que sont les noyés. Il avait vu sa mère aussi, qu'il aimait bien, le visage de cire et tout froid. Mais jamais il n'avait ressenti une telle émotion qu'en ce dimanche de juin si beau. Peut-être était-ce à cause des oiseaux qui s'en étaient mêlés et poursuivaient leur tapage.

— Va ! insista Pierre-Marie en s'approchant du fauteuil.

Avec peine, Basile pivota sur ses talons et quitta la pièce. Il traversa le couloir, sortit, franchit le jardinet et se planta devant le grand portail où le village réuni attendait. Alors, de toutes ses forces, essayant de dominer les cris et les froissements d'ailes, il cria :

— Le recteur est retourné à Dieu !

Ce furent ces paroles-là que prononça Basile. Et avant même que la nouvelle eût le temps de pénétrer la foule, il se produisit soudain un autre phénomène dont tous les survivants de cette journée se souviennent encore avec précision. D'abord, les mouettes et les goélands, à quelques exceptions près, cessèrent presque instantanément de piailler. Il y eut une accalmie subite, comme durant les grandes tempêtes d'équinoxe lorsque le vent tombe brusquement pour rassembler de nouvelles forces. Puis, commandés par on ne sait quelle autorité, les oiseaux juchés sur le toit et ceux qui s'étaient posés dans le jardin, tous allèrent rejoindre leurs compagnons qui décrivaient des spirales dans le ciel. Ils tournèrent avec lenteur, formant un grand cercle sur le presbytère, puis s'envolèrent en direction des rochers sombres du Sud, leur territoire.

On avait enterré le recteur Thomas. Le jour des obsèques, un jeune curé de l'île voisine, plus importante, davantage peuplée, avait officié dans la petite église bâtie au XVIe siècle, sur une colline du nord. Le prêtre était arrivé la veille au soir, par beau temps, conduit par Basile parti le chercher avec son *Deo Gratias* et ses hommes d'équipage.

Les plus jeunes parmi les conseillers municipaux avaient porté le cercueil du recteur Thomas du presbytère au pied de l'autel. Le transport en avait été rendu malaisé, presque cocasse n'eût été le chagrin de tous, à cause de Stanislas qui se tenait sur le côté gauche, en tête, et dont la haute taille décalait la « cargaison », selon l'expression de Pierre-Marie. Tout le long des quelque deux cents mètres du parcours, les six porteurs n'avaient cessé de s'invectiver. Notamment quand Stanislas, qui marchait les jambes fléchies pour se mettre à la hauteur des autres, se redressait subitement avec des débuts de crampes dans les jarrets. Aussitôt le cercueil oscillait dangereusement et ceux qui le soutenaient à l'arrière menaçaient, chaque fois, de se retrouver cul par-dessus tête. Il n'aurait pas fallu intégrer Stanislas à la troupe des porteurs. Mais le géant l'avait exigé absolument et comme il possédait une force bestiale, que ses colères étaient redoutables, même Pierre-Marie n'avait osé lui interdire cette pieuse corvée. Ce fut donc parmi les insultes que le cercueil se retrouva dans l'église. Mais personne n'y prêta attention car il était admis dans l'île que les hommes se chamaillent à propos de tout, même d'un mort.

Ainsi que cela se produisait souvent, au grand beau temps chaud et suffocant avait succédé un fort coup de vent. La mer avait commencé à se soulever avec un halètement de plus en plus puissant et irrégulier ; des vallons s'étaient creusés entre les vagues ; son bruit était devenu un mugissement hargneux. A mesure qu'elle prenait de la force sa couleur avait changé : de verte elle était devenue grise, puis l'écume avait tout blanchi. Le ciel aussi s'était métamorphosé. De longues bandes souples comme des lianes, annonciatrices du vent, étaient apparues, auxquelles de jolis cumulus ronds et blancs avaient succédé, et les oiseaux, aussi bien ceux de l'île que ceux des rochers du large, s'étaient mis à l'abri. Un nuage de taille assez imposante, en forme d'enclume, s'était alors formé dans le ciel encore bleu et Basile avait grogné :

— La tempête n'est pas loin.

Il s'agissait là d'un signe qui ne trompait pas. Telle une innombrable armada disposée en ligne, la dépression apparut dans le sud, sur l'horizon. Le vent commença à siffler, le sable des dunes voltigea sur les champs. Le ciel se couvrit rapidement, devenant grisâtre puis franchement sombre et lugubre.

Dans l'église, durant la messe funèbre, les hommes chantaient de bon cœur les cantiques des morts tout en tendant l'oreille dès qu'une rafale de vent sifflait avec plus de vigueur. Les hommes se tenaient dans leur costume de cérémonie, pantalon et veston croisé bleu, chemise blanche à col empesé, cravate noire, chapeau de feutre noir à bords déformés. Ils occupaient les rangs de gauche alors que les femmes, vêtues de noir, un châle sur la tête, s'installaient sur les bancs de droite avec les enfants. Par moments, la pluie crépitait violemment contre les vitraux, faisant sursauter les fidèles. Au début de la messe, ils avaient été attentifs, priant avec ferveur, déplorant le départ du recteur Thomas qui reposait dans la caisse de bois blanc posée à même les larges dalles de l'église. Mais à mesure que la tempête forcissait, les hommes s'étaient peu à peu désintéressés du cercueil et de son occupant pour ne plus penser qu'à leurs bateaux, au mouillage dans le port ou dans la rade. Avec une anxiété croissante, ils se demandaient si les aussières tiendraient bon, s'ils ne retrouveraient pas leurs coques éventrées à la côte ou au fond de l'eau.

A voix basse, Stanislas commença à s'impatienter et à marmonner contre le curé qui faisait durer la messe sans se soucier du mauvais temps. Il chuchotait à l'oreille de son frère Clovis, un peu moins haut que lui, mais d'une bonne taille quand même. Toutefois le chuchotement issu d'un poitrail aussi puissant provoquait autant de bruit qu'un ronflement. Le jeune prêtre qui officiait face à l'autel ne put demeurer longtemps insensible à ce bourdonnement. Il se retourna d'un bloc, le regard sévère, interrompant sa messe. D'une voix irritée, il demanda :

— Que se passe-t-il ?

Pour masquer leur gêne, les femmes agenouillées avaient courbé davantage la tête et contraint leur marmaille à agir de même. Les hommes, debout, se balançaient d'un pied sur l'autre, n'osant répondre ni élever la voix dans la maison de Dieu. Seul Stanislas roulait des yeux furibonds à l'égard de ce curé trop stupide à qui il fallait expliquer des choses aussi évidentes.

Au premier rang, Pierre-Marie en sa qualité de maire s'enhardit pour répondre.

— Eh bien, voilà, dit-il après s'être raclé la gorge, on pense à nos bateaux qui sont malheureux.

Le jeune prêtre baissa les yeux pour réfléchir. Un coup de vent plus violent fit battre la lourde porte de l'église. Un filet d'air filtra et fit balancer la jolie maquette du trois-mâts suspendue au centre de la nef. Le prêtre releva la tête et dit :

— Les prières des femmes et des enfants suffiront pour le repos de l'âme de M. Thomas.

D'un bond, les hommes se pressèrent vers la sortie.

En courant, ils dévalèrent la colline pour rentrer chez eux se changer. Le vent et la pluie secouaient les arbres et les tamaris avec frénésie. Les nuages galopaient dans le ciel. La mer n'était plus qu'un bouillonnement. Il y avait longtemps qu'une telle tempête ne s'était abattue sur l'île.

2

Furieusement, les bateaux tiraient sur leurs amarres, comme des chiens en laisse. Les étraves se cabraient, ballottant en tous sens, puis s'abattaient dans la mer. De gros rouleaux, sur lesquels glissaient des crêtes d'écume, s'engageaient entre la tourelle noire et la balise rouge qui indiquaient l'entrée de la rade, et se déversaient avec impétuosité sur la plage.

Entassé dans une faille que le vent, au fil du temps, avait creusée dans la dune, le groupe d'hommes se tenait au pied d'une croix de granit gris. La tête dans les épaules, tandis que la pluie crépitait contre les suroîts et les cirés épais et huilés qui entravaient leurs mouvements, ils jaugeaient la situation avant d'agir. Il leur fallait monter à bord de leurs bateaux qui se trouvaient à environ trois cents mètres de la côte. Pour cela, ils devaient s'entasser à deux ou trois sur les plates, de petites embarcations à fond plat, lourdes et rafistolées, au bois poreux toujours gorgé d'eau, d'une stabilité précaire. Ensuite, arc-boutés sur les lourds avirons, ils auraient à ramer contre le vent en maintenant la barque debout à la lame. En effet, que la plate se mît en travers, c'était le chavirage immédiat, la noyade certaine car, avec le poids des vêtements, des bottes, et la violence de la mer, il était hors de question de nager. Et d'ailleurs, la plupart d'entre eux ne savaient plus nager. Depuis leur enfance, dès leur onzième année, la mer avait cessé d'être un lieu plaisant de baignade. L'Océan gris s'était vite métamorphosé en un élément mauvais sur lequel ils trimaient.

Le vent avait un peu molli, mais la mer était toujours grosse, charriant jusqu'aux champs abrités par la dune des embruns épais. La tempête s'était déclenchée avec une telle soudaineté qu'elle avait déjoué la vigilance et l'expérience des marins. Soulevés et emportés par le vent, de lourds casiers goudronnés, rangés dans le port, couraient en rebondissant à travers les prés comme tirés par des fils invisibles. Toutes sortes de bois — des planches, des madriers, des caisses et même des vieux troncs d'arbres noueux et noirs — venus du large, s'échouaient, chassés toujours plus loin sur la plage par l'obstination des vagues. Les bateaux souffraient dans toutes leurs membrures. Il fallait les secourir.

— Allons-y ! décréta Basile.

Le premier, il se mit en route, escorté de ses matelots, Antoine et Mathias. A leur tour, les autres quittèrent l'abri dans la dune et se dirigèrent vers le port. Lucas, grommelant des injures au ciel, ses gros poings serrés, marchait le dos voûté tout en léchant la pluie qui ruisselait sur son visage. Il avançait suivi de ses deux fils aînés, Théo, petit mais trapu, hargneux comme son père, et Martial, plutôt grand, d'une force impressionnante : les deux garçons se tenaient hors de portée des poings de leur père, prêts à esquiver ses colères subites. Puis venait Pierre-Marie. Ensuite Adrien, ivre et vitupérant, soutenu par son beau-père Ange. Enfin, en bout de cortège, patibulaires et droits dans le vilain temps, Stanislas et Clovis. Le groupe se découpait, sur l'étroit sentier bordé de chardons qui surplombait la plage et aboutissait à la digue qui pénétrait dans la mer. Une autre digue partait bien plus loin, d'un groupe de rochers. Elle formait une anse qui ceinturait le port et le protégeait, tant bien que mal, des vents du sud. On l'appelait simplement la Cale Sud. Entre ces deux murailles exposées aux intempéries, l'entrée du port. La mer s'y engouffrait tumultueusement, brassant le fond, arrachant les goémons, roulant les galets.

Le vent était tombé, mais la pluie avait redoublé de violence. La mer ne s'était toujours pas calmée. Par moments, des éclairs s'élevaient de l'Océan et s'élançaient vers les nuages noirs. A intervalles réguliers, le tonnerre roulait longuement. Penché sur l'un des anneaux du quai, Mathias avait défait le nœud de l'aussière et tirait la plate vers l'échelle de fer cimentée dans la pierre. La petite barque noire sautait sur les vagues, embarquant de l'eau chaque fois qu'elle piquait du nez. Avec difficulté Mathias parvint à la maintenir contre le quai. Basile descendit l'échelle. La plate sous lui gigotait. Prudemment, Basile posa un pied au fond de la barque puis l'autre, et s'agenouilla. Presque au même moment, Antoine embarqua à son tour aussi acrobatiquement. Les deux hommes se tenaient face à face, l'un sur l'avant, l'autre sur l'arrière afin d'équilibrer le rafiot. Basile installa les avirons. Une vague venait de les soulever, les amenant presque à la hauteur du quai. « Largue ! » ordonna Basile. Mathias balança l'aussière à l'eau. Tandis qu'Antoine la ramenait à bord, Basile rama avec force. La plate se dressait puis tombait dans un creux. De sa place, à l'avant, Antoine pouvait apercevoir les autres embarcations tituber sur une crête puis disparaître dans un gouffre liquide. Il pouvait distinguer aussi, de temps à autre, des silhouettes de femmes. Sous la pluie toujours dense, figées sur la dune, serrant leur châle contre leur poitrine, elles contemplaient ces hommes qu'un ancien sens du devoir poussait à risquer leur vie pour sauver leurs bateaux.

A l'écart, seul et voûté sur son bâton, se tenait Denis. Le vieil homme, qui s'obstinait à aller en mer pour pêcher, contemplait avec un regard fané par l'âge le *Stella Maris,* son bateau aussi usé que lui, que la mer martyrisait. Déjà une partie du pavois avait été arrachée. L'une des deux amarres, coupée net, battait l'air, l'autre menaçait de casser à tout moment. Immobile sur la dune, ses deux mains tavelées posées à plat sur le gourdin qui le soutenait dans ses marches ou qu'il brandissait lorsque les enfants le bousculaient en lui faisant des grimaces et en lui lançant des moqueries cruelles, Denis ne disait rien. Les yeux secs, il fixait son pauvre navire à la peinture écaillée, avec cette tristesse résignée, cette compassion tendre que l'on témoigne à ceux qui agonisent et que l'on aimait bien. Denis n'avait d'attention que pour sa coque orange avec laquelle il avait partagé tant de misères, toujours seuls, elle et lui. Le pêcheur savait qu'il ne lui survivrait guère. On ne demeure pas longtemps le veuf d'une jolie barque avec laquelle on a vécu près d'un demi-siècle. Aussi, tout ce qui se déroulait autour du *Stella Maris* l'indifférait.

Les petites plates bondissant sur les vagues approchaient des gros cotres aux couleurs vives. Les premiers à atteindre leur bord furent Stanislas et Clovis. A peine leur plate eut-elle accosté leur bateau noir, le *Berceau des Martyrs,* que le frère cadet escalada la lisse et sauta souplement sur le pont. Entre ses dents, il tenait le fin cordage fixé à l'étrave de la plate qu'il amarra autour d'un gros taquet. Tout aussi agilement, Stanislas propulsa sa centaine de kilos et le rejoignit.

Les abordages ne se déroulèrent pas si aisément ailleurs. Basile, à son tour, avait atteint le *Deo Gratias.* Antoine avait empoigné la lisse rugueuse et se contorsionnait pour l'enjamber. Il éprouvait des difficultés inouïes pour remuer son gros ventre et ses lourdes fesses. Lâchant un aviron, Basile empoigna un pied de son matelot et le catapulta sur le pont. Péniblement, Antoine se remit debout, roulant des yeux furibonds, se massant le crâne. Lui aussi amarra la plate à un taquet et Basile se lança dans l'escalade. Il avait rangé les avirons sous les bancs de nage. Prompt comme un chat, il bondit. Ses mains agrippèrent la lisse du cotre, il effectua un rétablissement, se laissa retomber sur le pont où il roula jusqu'au pied du mât. Antoine ne lui prêtait aucune attention. A l'avant, les pieds calés contre le pavois, il s'affairait à consolider les gros cordages qui maintenaient le bateau à son corps mort.

Plus loin, à bord du *Benedictus,* le transbordement se déroulait plutôt mal. Alors qu'Ange, malgré ses soixante ans, s'était hissé sur son bateau sans trop de peine, Adrien, lui, était en fâcheuse posture. On aurait dit que la tempête avait amplifié son ivresse. Déjà, pendant le service funèbre à l'église, il s'était mal tenu. Adrien avait chanté les cantiques d'une voix tellement éraillée que tous, même les plus mécréants, en avaient été offusqués. Le regard vitreux, il avait été incapable de tenir debout. Chaque fois il s'endormait en ronflant. Un comportement lamentable. Cela était arrivé souvent, même du temps de M. Thomas. Le prêtre se retournait vivement, interrompant l'office. A grandes enjambées, il parcourait l'allée centrale en trombe, se campait devant Adrien, qui cuvait comme un bienheureux, l'attrapait par le col de sa marinière, le secouant sans charité chrétienne. Adrien entrouvrait ses paupières ridées, tandis que, hors de lui, le recteur Thomas vociférait :

— Crabe pourri ! Honte à toi qui as encore du vin rouge plein les yeux dans la maison du Bon Dieu !

En cet après-midi de tempête, Adrien était bien

plus saoul qu'à la messe. Incapable d'embarquer sur le *Benedictus,* il se dressa dans la plate, les jambes flageolantes, le poing brandi vers le ciel, hurlant des imprécations. Une embardée le projeta au fond de la barque remplie d'eau où il se tint, le regard effrayé, à croupetons. Ange essaya de l'aider à embarquer. Et puis, comprenant que son gendre ne parviendrait jamais à le rejoindre à bord, il renonça.

La pluie tombait toujours, mais sa densité diminuait. Sur l'horizon, la grande barre ardoise des nuages s'était fendue, laissant entrevoir des lézardes grises. Le soleil était invisible, mais Basile sut que la tempête s'essoufflait. La mer demeurait très forte et fatiguait les bateaux au mouillage. Sur chaque bord, c'était le même concert monotone de membrures qui craquaient, de gréements aux cliquetis incessants, de l'eau bruissant contre les coques ou se déversant sur les ponts. Des étais avaient cédé, des rambardes étaient arrachées, des mâts avaient craqué.

— Maudit port ! grommela Basile en fixant les deux quais si proches et pourtant inaccessibles.

Le vieux port, en effet, présentait un fâcheux inconvénient. Lors de chaque marée de jusant, la mer s'en retirait, le laissant au sec, découvrant son fond vaseux et sablonneux sur lequel couraient des petits crabes verts et des étrilles. Quand le vilain temps survenait, ceux qui s'étaient laissés surprendre ne pouvaient plus s'y réfugier et devaient attendre en rade que l'Océan revînt. La tempête s'étant déclenchée en début de jusant, les hommes étaient contraints d'attendre près de huit heures le retour de l'eau. Sous l'effet du courant descendant, les premiers rochers qui pavaient l'entrée du port commençaient à apparaître, cernés d'écume.

— Tout est paré ? demanda Basile.

— Tout est paré ! répondit Antoine.

Après avoir consolidé les aussières, le matelot avait amarré, du mieux qu'il l'avait pu, les casiers restés à bord. Le vent était complètement tombé. Son souffle s'était éteint d'un coup. On entendait seulement le grondement de la mer, un halètement profond et impressionnant qui venait de loin, poussant sans relâche une longue houle aux vallonnements très creux. Les femmes avaient abandonné la dune, sachant que les hommes passeraient la nuit à bord, à veiller sur leurs bateaux. Seul, Denis n'avait pas déserté son observatoire. Toujours immobile, appuyé sur sa canne, il surveillait le *Stella Maris* qui, ayant embarqué de l'eau, gîtait dangereusement.

— Prépare les filets, ordonna Basile, on va dormir à tour de rôle.

Se maintenant à la lisse afin de garder l'équilibre, Antoine se dirigea vers l'arrière. Le vent était passé à l'ouest et les bateaux, recevant les vagues sur leurs travers, roulaient bord sur bord. Antoine avait retiré sa capote, ne conservant que son pantalon huilé. Les jambes écartées, compensant les balancements du *Deo Gratias,* le matelot préparait une sorte de matelas en empilant les filets contre la paroi de la chambre arrière, sous la barre.

Sur l'avant, Basile avait lové avec soin des cordages tout en grommelant contre leur usure. Sa corvée terminée, il s'était redressé. Alors, il vit Denis. Il se tenait toujours appuyé sur son bâton, penché de côté, comme si sa vieille carcasse épousait l'inclinaison de son bateau. Basile se tourna vers le *Stella Maris,* à une cinquantaine de brasses du *Deo Gratias.* Sa gîte était si forte que les vagues atteignaient la lisse. « S'il se couche encore un peu, estima Basile, il chavire. » Un instant, il songea à embarquer sur le *Stella Maris* pour écoper l'eau, tenter de l'alléger. Mais il renonça. Pour se donner bonne conscience, il se dit qu'à lui seul il ne parviendrait à rien, qu'après tout bateau et maître avaient fait leur temps. Le jour déclinait lentement. Basile se dirigea vers l'arrière.

— Tu vas dormir ? demanda Antoine.

— Oui. Réveille-moi dans deux heures.

Tandis qu'Antoine se postait à l'avant, Basile s'allongea sur son matelas de filets. Il en saisit un, aux mailles très fines, qui servait à pêcher les rougets, s'enveloppa dedans comme dans une couverture. Le filet était trempé, bien sûr, mais dans son ciré Basile ne craignait rien. Et d'ailleurs il en avait vu d'autres. Il eut un regard pour la lumière du phare, à deux milles de là environ, puis il rabattit son suroît sur ses yeux. La mer chuintait contre la coque. Le *Deo Gratias* se balançait rudement, tirant toujours sur ses amarres, émettant des craquements, mais il tiendrait le coup. Lui aussi en avait vu d'autres. Basile pensa à Adèle, seule dans leur lit, bâilla. Et il s'endormit.

3

Le vent était remonté au nord-est. Une petite brise fraîche qui poussait vers le large une senteur particulière à l'île, un parfum entêtant, à la fois âcre et subtil, composé par les œillets sauvages et les immortelles qui poussaient un peu partout sur la lande. Quand les bateaux, après les longues pêches dans le sud, prenaient la route du retour, avant même que la côte n'apparût, le parfum des fleurs parvenait aux équipages comme pour leur indiquer la proximité de leur terre.

Ce fut ce parfum un peu poivré qui réveilla Basile. Il s'étira sur son tas de filets, faisant craqueler son ciré. Avec lenteur, il se mit debout. Le jour commençait à se lever et dans le ciel les nuages avaient disparu. L'île avait retrouvé ses couleurs vives de l'été avec les bandes blanches des plages et le vert délavé des champs cuits par le soleil. Quelqu'un arrivant à ce moment-là n'aurait pu imaginer que la tempête avait tout bouleversé. La mer, elle-même, n'était plus soulevée que par une faible houle résiduelle qui berçait avec douceur le *Deo Gratias*. A l'avant, assis sur une caisse, Antoine dormait les coudes sur les genoux, le menton calé entre ses grosses mains.

« Le fumier ! » grogna Basile. Le manque de vigilance de son matelot le mit instantanément en colère. A longues foulées, il fut près d'Antoine à qui il décocha un solide coup de pied dans les côtes qui le fit rouler sur le plancher. Avec une petite lueur mauvaise qui filtrait à travers les soupiraux de ses yeux, Antoine se mit debout sans un mot. Il s'agissait là de traitements rugueux auxquels les matelots étaient habitués depuis leur adolescence. Dès qu'ils faisaient leurs premiers pas sur le pont d'un bateau, les torgnoles, les bourrades, les fesses bottées, les insultes étaient le lot quotidien des mousses. Au début, parce que la jeunesse a parfois des impulsions de révolte, ils se regimbaient, tentaient de tenir tête : c'étaient des barouds d'honneur inspirés par des orgueils en herbe. Mais les années, l'expérience leur ayant enseigné que l'insoumission et l'insolence accroissaient les sévices, ils apprenaient le silence. Seuls leurs regards exprimaient leurs états d'âme : un bref coup d'œil en disait plus qu'un long discours, il pouvait contenir de la fureur, de la vexation, de la rancune. Et puis chacun s'attelait de nouveau à sa corvée. C'était ainsi depuis longtemps. Aussi, Antoine, sans accorder d'importance à ses côtes meurtries, entreprit de dégager le gros aviron de bois, avec lequel Basile godillerait jusqu'au port.

Déjà, à bord des autres bateaux, les hommes s'affairaient à larguer les amarres. Basile jeta un regard circulaire sur la rade paisible, et son cœur, subitement, battit plus fort. Une croix de bois émergeait de la mer, comme pour rappeler qu'en cet endroit un vieux navire à la coque orange, qui avait beaucoup bourlingué et bien souffert, était mort. La croix de bois était formée par la tête du mât et les barres de flèche du *Stella Maris.* Il avait sombré dans la nuit, submergé par une vague plus forte qui lui avait assené le coup de grâce. Avec un mouvement lent il s'était penché sur le flanc. La mer avait fait irruption avec voracité en tourbillonnant. Alors, pudiquement, dans l'obscurité d'un ciel sans lune, à l'abri des regards, ne suscitant aucun regret, ne provoquant aucun remords, il s'était abîmé. Sa quille reposait sur un banc de rochers qui le maintenait droit, lui accordant l'ultime faveur d'une fin empreinte de dignité. Denis avait quitté la dune. Nul ne pressentait que le vieux pêcheur ne reviendrait jamais plus contempler l'Océan sur la cale du port.

Personne ne parlait dans la rade. Habituellement, lors des appareillages de la flottille de l'île, des éclats de voix, des rires, des ordres retentissaient. Ce matin-là, pas un mot. Le silence impressionna Basile. Il comprit que cette hâte à rentrer au port pour embarquer les gréements de pêche et repartir au large, loin, là où l'Océan devenait gris, que cette hâte était une fuite. La mâture du *Stella Maris* rappelait à tous qu'un grand péché venait d'être commis, que le Ciel, ce domaine terrifiant de Dieu, le ferait expier. Un bateau avait été en détresse, aucun d'eux ne l'avait secouru. Les larges mâchoires de Basile se crispèrent. Il se souvint...

Une fois, déjà, des hommes coupables avaient connu leur châtiment. Cela aurait dû servir de leçon. L'affaire s'était déroulée longtemps auparavant, quand lui et Adrien n'avaient que quatorze ans à peine. Un matin, Victor, le père d'Adrien, était parti avec ses trois fils aînés acheter un bateau sur le continent. Adrien était resté pour aider sa mère à préparer le pain de la famille, de grosses miches rondes de quatre livres, qui duraient toute la semaine. Victor et ses fils n'étaient pas seuls. Un autre équipage était du voyage à bord du gros sloop qui les conduisait au chantier naval. Il se composait du vieux Sébastien et de ses matelots Arthur, Gwen, Luc, un quatuor de forbans, pilleurs de casiers. Eux aussi allaient acquérir un bateau.

Cela avait constitué un événement dans l'île que l'achat de ces deux cotres pansus et robustes. Deux jours plus tard, au crépuscule, seuls Sébastien et ses hommes furent de retour avec des visages graves, annonciateurs de catastrophes. Les premières personnes qu'ils rencontrèrent au port furent Elisa, la femme de Victor, et Adrien. La narration de Sébastien, corroborée point par point par ses matelots, révélait qu'à la suite d'un sacré coup de vent Victor, pour une raison inexplicable, n'avait pu réduire sa voilure ; son bateau neuf avait été couché ; des vagues l'avaient recouvert, il avait coulé.

« Impossible de les aider ! avait raconté Sébastien en roulant des yeux désespérés, la mer était trop grosse et ils étaient trop loin derrière nous.

Après bien des misères pour manœuvrer, on a viré, mais quand on a pu arriver sur les parages du naufrage, rien ne flottait, pas même une casquette. L'Océan avait tout avalé. »

Il n'était venu à l'esprit de personne de mettre en doute l'authenticité des faits. C'était une époque où se secourir à la mer était le onzième commandement du Seigneur. Le temps avait passé : deux années plus tard, un autre événement douloureux avait bouleversé l'île. Sébastien, qui rentrait toutes voiles dehors pour s'abriter d'un coup de torchon de novembre, avait éventré sa coque sur un caillou contre lequel il avait dérivé. De la Ferme Perdue, une maison en ruine bâtie sur une pointe du sud, dans laquelle, prétendait la légende, les envahisseurs anglais ribotaient avec des femmes mal famées du temps où l'île avait une signification stratégique, on avait pu voir l'étrave hors de l'eau pointée vers le ciel. Seul Gwen parvint à rattraper la terre en nageant avec une énergie forcenée, malgré ses vêtements, dans l'eau glacée. Les autres avaient péri noyés. Gwen, recueilli sur la grève, fut transporté à dos d'homme au village où on le réconforta avec du marc, du vin, du lait chaud. Fût-ce l'émotion, la peur, l'alcool ? Peu importait. Soudain, le survivant, ses cheveux dégoulinants plaqués sur le front, se mit à pleurer inconsolablement.

« C'est Dieu qui nous a punis, répétait-il, ça devait arriver. C'est Dieu qui nous a punis... »

Son corps était secoué par les sanglots. On le fit boire. On le questionna. Alors, et Basile avait encore la scène devant les yeux, puisqu'il était de ceux qui se pressaient autour de Gwen, il avait entendu l'abominable *mea culpa* du rescapé. Le misérable crachait ses mots comme si une force obscure le contraignait aux aveux.

— On a fait une chose horrible, hoquetait Gwen. Le bateau de Victor, on l'a bien vu chavirer. Il était devant nous et pas derrière comme on l'avait prétendu. Il y avait de la mer, mais pas trop, on aurait pu aller repêcher tout le monde. C'était pas difficile, on n'avait qu'à affaler, mettre le doris à l'eau...

— Continue, lui avait enjoint le recteur qui alors se nommait Marc, en fixant le malheureux sévèrement.

— Sébastien n'a pas voulu. Je jure que c'est lui qui a refusé. Il nous a dit, je m'en souviens : « Moins il y a de pêcheurs sur l'eau, plus il y a de poissons pour nous. » Il était comme ça, Sébastien, vous l'avez connu, violent, mauvais. C'est pourquoi on a rien protesté. Et puis il était le patron à bord...

— Continue, avait répété le recteur.

— Sébastien a bien vu qu'on était embarrassés. Il a expliqué : « Personne n'en saura rien. Il n'y a qu'à bien se mettre d'accord et à prendre des gueules tristes au retour. » Puis il a dit encore pour nous appâter : « Je connais les coins où Victor pêchait. Ils sont fameux. Ils sont à nous maintenant. » On a donc pris des gueules tristes pour revenir. Mais moi, je savais qu'on serait punis. Quand nous sommes passés près de Victor et de ses garçons qui barbotaient dans l'eau et qui n'en avaient plus pour longtemps à vivre, quand ils ont compris que nous continuions notre route et qu'on allait les laisser crever, Victor a tendu le poing et il a crié : « La mer vous punira. »

Gwen s'était tu. De grosses larmes glissaient sur son visage. Il a ajouté : « La mer l'a écouté. » Ce furent là les dernières paroles qu'il avait prononcées. Jusqu'à la fin de sa vie, Gwen n'avait plus parlé à personne et personne ne lui avait plus adressé la parole. Pour la communauté, il n'existait plus. Le dimanche matin, il allait écouter la messe, l'oreille collée à la porte de l'église, car il n'osait plus entrer ni se montrer. Le soir, évitant le village, il se glissait jusqu'au presbytère où la bonne du recteur lui donnait de quoi ne pas mourir de faim. Il avalait son dîner avec une avidité de chien errant et puis il disparaissait. La barbe longue, dépenaillé, Gwen se cachait dans les grandes caves humides du fort abandonné où pullulaient les rats. Parfois, les enfants s'amusaient méchamment à le débusquer mais le traqué était rusé et ils ne le trouvèrent jamais. Si, une seule fois ils le virent. Gwen se tenait dans une vaste pièce qui avait servi de salle d'armes. La mort l'avait délivré alors qu'il se tenait recroquevillé et emmitouflé dans sa capote cirée, devant une haute fenêtre par où passait le soleil de janvier. Un soleil insuffisant pour réchauffer un corps qui, depuis le jour des aveux, était habité par d'incessants tremblements. Gwen n'avait pas survécu trois mois à ses complices. La folie, alimentée par le remords qui le hantait, lui avait embrouillé la tête sournoisement chaque jour davantage.

« La plus grande punition sur terre pour un

homme, avait dit de sa voix tonitruante le recteur Marc, lors de l'office funèbre, c'est de ne plus compter pour les autres hommes. Gwen a payé sa faute. Il peut reposer en paix. »

Il avait été enterré, malgré les réticences de certains, dans le petit cimetière contigu à l'église, face à la mer, gardé par la statue de pierre d'un fusilier marin entièrement peint en bleu, qui surmontait le monument aux Morts de la Première Guerre mondiale.

Depuis le moment où il connut la vérité sur la mort de son père et de ses trois frères, Adrien s'était mis à boire. Lorsque, à vingt-deux ans, il épousa Anna, on espéra dans l'île que le mariage le guérirait. Et puis, sa mère était morte aussi, usée par le chagrin, et Adrien s'était de nouveau laissé emporter par son vice. Quand il était ivre et le géant Stanislas saoul perdu, la vie devenait infernale dans l'île : bras dessus, bras dessous, les deux hommes vociférants et querelleurs parcouraient les ruelles du pays, saccageant tout sur leur passage. Personne n'osait s'opposer à leurs déchaînements, et comme aucun gendarme n'avait, de tout temps, posé les pieds sur cette terre émergeant de l'Océan, les deux énergumènes faisaient la loi. Seule l'arrivée intempestive du recteur alerté par le maire, qui accourait du presbytère en tenant à pleines mains les pans de sa soutane, parvenait à rétablir le calme. M. Thomas se campait devant le duo de forcenés, ramassait de gros cailloux, menaçant de leur faire éclater le crâne. La crainte des foudres célestes ramenait Adrien et Stanislas à un semblant de raison : le recteur éblouissait ses ouailles par sa précision au jet de pierres. Domptés, les deux ivrognes suivaient en titubant le prêtre jusqu'à l'église. M. Thomas les soumettait alors à la confession de leurs péchés, leur administrait une dose sévère d'actes de contrition. Dans la sérénité de la maison de Dieu, Adrien et Stanislas, calés épaule contre épaule, cuvaient en débitant leurs pénitences. Puis, dégrisés et repentants, ils regagnaient leur maison.

Antoine observait Basile. Quand le patron avait son air buté, que son regard se plissait et que ses lèvres demeuraient serrées, le matelot comprenait qu'il ne fallait pas se frotter à lui. Basile avait sa réputation au village. On n'ignorait pas qu'il ruminait longuement des pensées sombres qu'il exposait avec brusquerie, des pensées le plus souvent empreintes de sagesse. Mais il ne fallait pas l'importuner dans ses méditations car, dans ces cas-là, sa nature violente reprenait le dessus.

Tenant les deux grosses aussières gluantes, Antoine attendait sans impatience. Il voyait bien que Basile était soucieux. Le regard qu'il lui avait surpris en découvrant le bout de la mâture, tout ce qui restait du *Stella Maris,* avait été révélateur. Antoine savait ce qui se passait dans la tête de son patron. Les deux hommes se connaissaient depuis l'enfance. Ils avaient partagé le même banc d'école, peiné sur les mêmes devoirs, chassé les moineaux et les mulots au lance-pierres. Ensemble, ils avaient fait leur première communion, puis embarqué comme mousses sur le bateau d'Ange, avec Adrien comme compagnon de galère. Tous deux étaient partis servir dans la Marine nationale. Quand ils étaient revenus, trois années plus tard, le teint cuit par le soleil des côtes d'Afrique où leur aviso colonial avait stationné, Basile et Antoine avaient été saisis par une excitation joyeuse, une sorte d'étouffement de bonheur, en retrouvant leur île. Rien n'avait changé. Et ils l'aimaient comme ça. Sur cette bande de terre, plate comme une galette, balayée par tous les vents, prisonnière de l'Océan, de vieilles querelles, de longues rancunes qui remontaient aux ancêtres étaient entretenues méticuleusement. Il y avait les blonds aux yeux bleus et les bruns aux regards sombres. Les premiers étaient généralement plus grands et élancés, les seconds plus petits et râblés : les blonds les appelaient avec un certain mépris « les chiens noirs ». Les blonds étaient davantage renfrognés et réservés. Les bruns étaient évidemment phraseurs et batailleurs. Ces différences physiques remontaient aux invasions séculaires qui avaient saccagé l'île. Tantôt c'étaient les escadres descendues du Nord ou d'Angleterre qui déversaient leurs troupes sur cette terre paisible et misérable. Les hommes étaient pendus, recteur compris. Les femmes des vaincus n'avaient plus qu'à subir les soudards aux visages laiteux et aux cheveux couleur de paille qui leur passaient sur le corps. Tantôt c'étaient les flottilles qui remontaient du Sud, des côtes marocaines ou du littoral espagnol. Là encore, les mâles étaient passés par les armes et les femmes de l'île se retrouvaient de nouveau avec leurs jupons retroussés par les vainqueurs basanés.

Et puis, la paix revenue, quand l'ennemi repliait bagages en emportant son butin de poules, d'oies, de porcs, et de vaches, les rescapés s'attelaient à remettre de l'ordre dans le pays, à rebâtir les maisons incendiées, à labourer les champs dévastés. Fatalement, au gré des invasions, des enfants blonds ou moricauds naissaient. De tout temps, cela s'était déroulé ainsi dans l'île. Quand ce n'étaient pas les guerres, c'était au tour des longues tempêtes d'hiver de tout ravager avec le hululement du vent qui rendait fou. Franchement, d'après les récits colportés à travers les siècles de bouche à oreille, on ne savait trop ce qui était le pire, des cataclysmes guerriers ou des foudres célestes. Mais chaque fois, avec cette obstination fanatique qu'imposait la misère, la communauté, après avoir récité dans l'église des *credos* à en perdre le souffle — car tout devait recommencer par un remerciement à Dieu — la communauté se remettait à construire, à semer, à pêcher. Et pourtant, malgré tant de malheurs, malgré les griefs issus du fond des âges — à croire que les hommes ne pouvaient vivre en paix que pour se disputer — malgré les ragots, les vengeances, les amours clandestines qui naissaient dans la pénombre des tamaris, un attachement profond et inextinguible unissait solidement ces êtres épars et différents : l'amour passionné de leur terre. Pourquoi cet amour immodéré qui surmontait tout ? Les passions sont difficilement explicables.

Quoi qu'il en soit, Antoine et Basile, après ce long exil sur le bâtiment de guerre, avaient retrouvé le pays, avec les quatre rangées de maisons basses aux toits d'ardoise, et les rochers du sud, et le parfum des œillets sauvages et des immortelles.

Le courrier qui faisait une navette irrégulière entre le continent et les îles les avait débarqués sur un simple quai recouvert d'algues, dangereusement glissant, qui partait d'un banc de rochers, dans le nord-ouest. Silencieux, les deux amis avaient parcouru le demi-mille qui les séparait du village, escortés par le grincement des roues des brouettes chargées à bloc de la cargaison du courrier — essentiellement du vin pour les cafés, de l'huile, des étoffes — tout ce que l'île ne pouvait fournir elle-même. Des bandes d'enfants les avaient dépassés en cavalcadant. Le soir approchait. Les vaches, selon leur habitude, revenaient seules des pâturages à travers les ruelles, regagnaient leur étable en mugissant. Les chiens se tenaient affalés contre le pignon des maisons. Les jeunes filles du pays, Berthe, Caro, Clémence, Anne et Adèle, avaient couru vers eux, leurs longues robes noires et amples gonflant autour de leurs hanches. Basile et Antoine, dans leurs jolis uniformes de gros drap bleu, avaient été entourés, embrassés trois fois selon la coutume. Farauds, ils s'étaient laissés admirer comme des guerriers triomphants.

Soudain, Basile s'était détaché du groupe. Une petite femme aux cheveux blancs prisonniers d'un foulard noir était apparue sur le seuil de sa maison et le regardait gravement ; c'était sa mère. Gentiment, Basile avait écarté les jeunes filles qui chahutaient son col bleu et son pompon rouge. Il avait marché vers sa mère. Elle non plus n'avait pas changé. Depuis bien longtemps la vieillesse avait déposé ses empreintes, gravé toutes ses rides, comme si elle avait voulu en finir une bonne fois pour toutes avec cette besogne.

Basile avait pris sa mère dans ses bras. Sous ses doigts il avait senti ces os et ces chairs affaiblis par le temps et les fatigues. Ils s'étaient embrassés. Puis, avant qu'il ne pénétrât dans la maison, la vieille femme avait levé son regard gris vers son fils. D'une voix douce et tremblante, non encore résignée, elle lui avait murmuré : « Ton père est mort. Il t'a laissé son bateau. »

C'est ainsi que Basile était devenu patron. Cela se passait juste deux ans avant que les mouettes et les goélands ne vinssent planer sur la maison du recteur.

4

Les bateaux avaient enfin regagné le port. Certains s'étaient amarrés au quai, d'autres s'étaient mis à couple. Puis les équipages avaient commencé à s'affairer en tous sens sur les jetées et la dune, avec une hâte confuse de fourmis, ramassant et embarquant les lourds casiers lestés, les longs filets, tout ce fourbi malodorant mais nécessaire pour partir en pêche. Des enfants étaient accourus du village, apportant aux hommes des paniers dans lesquels les femmes avaient entassé du pain, du lard, des restes de crustacés et du vin. Un vin sombre, épais, au goût âcre. Enfin, se déhalant avec cette lenteur nostalgique et majestueuse caractéristique aux bateaux, la petite flottille avait pris la route de la haute mer.

Ces navires aux teintes vives qui s'éloignaient, toutes voiles choquées en ondulant gracieusement sur l'Océan, sous un ciel d'un bleu laiteux, formaient un spectacle très beau. Les visages des marins contrastaient singulièrement avec ce décor si pur. C'étaient, sur chaque bord, des trognes hirsutes, aux yeux bouffis et rougis par le sommeil, des peaux luisantes de crasse, des barbes longues, des expressions renfrognées pas jolies à voir. Malgré le petit vent, un remugle infâme de poisson pourri, de vêtements et de corps sales s'exhalait des ponts auquel personne ne prêtait attention. Tout en surveillant les faibles frissons des voiles, les patrons tenaient leur barre, pendant que les matelots s'activaient à relier les casiers goudronnés les uns aux autres avec des filins gluants. Les mousses, eux, lovaient les filets. Mais on devinait que, malgré leur attention, la brièveté de la nuit leur pesait davantage qu'aux anciens. Ils avaient encore des visages lisses, propres à l'adolescence, une musculature frêle. Progressivement, leurs gestes se ralentissaient et, bercés par les mouvements du bateau, ils s'endormaient imprudemment, le menton planté dans la poitrine. Un coup de gueule ou une torgnole du patron arrachait les mousses à leurs rêves.

Avant de franchir les tourelles de la rade, Basile, selon son habitude, se retourna pour contempler l'île qui s'éloignait. Il s'agissait là d'une coutume héritée de son père qui lui répétait souvent : « Mon garçon, chaque fois que je pars en mer, je regarde la terre car, si Dieu l'a décidé, c'est peut-être la dernière fois que je l'aperçois. » Basile se comportait de même. Depuis son enfance, il avait vu bien des gens pleurer sur le destin de bateaux qui n'étaient jamais rentrés au port. Le nombre de veuves qui, chaque année, dans le crachin du jour de la Toussaint, allaient jeter des fleurs à la mer n'avait fait que croître. Les yeux gris-bleu de Basile regardaient donc la longue plage qui s'étirait du port jusqu'au gros rocher de l'est où les enfants allaient chercher des moules. Comme toujours, et c'était là encore une autre tradition, les vieilles fouillaient la côte et le sable blanc, car le gros temps charriait toujours de précieux butins. Parfois, elles trouvaient des fûts ou des caisses d'épices, d'autres jours elles découvraient des cartons de conserves ou des sacs paraffinés bourrés de fruits secs. C'étaient des résidus de cargaisons que les tempêtes volaient aux navires de commerce. Lors de la Première Guerre mondiale, il y avait eu, parmi tant d'années de malheurs, des jours heureux de cocagne. Torpillés par les sous-marins allemands, les cargos coulaient en perdant leurs marchandises. En cette période de grande disette, il n'était pas rare que les courants poussent jusqu'à l'île miséreuse de la farine, des pommes de terre et même des barils de rhum. Depuis, les vieilles perpétuaient ces cupides pèlerinages au ras des vagues, l'œil toujours en alerte pour dénicher les largesses de l'Océan.

La petite brise s'était assez vite essoufflée et la mer s'était aplatie. Le génois et la grand-voile battant mollement, le *Deo Gratias,* en route vers le phare courait encore faiblement sur son erre.

— On affale tout ! ordonna Basile en empoignant l'écoute de grand-voile.

Aussitôt l'équipage se mit en branle. Antoine et Mathias qui préparaient la « bouette », ces déchets de poisson placés dans les casiers pour servir d'appât, interrompirent leur tâche. Numa, le mousse, abandonna en vrac les filets qu'il lovait.

— On y va ! lança Basile, choquant en grand l'écoute.

Mathias défit la drisse et commença à laisser filer le cordage à mesure qu'Antoine ramenait à grandes brassées la lourde voile de toile rugueuse. Numa la pliait avec des mouvements précis. Rien à redire. Les trois matelots travaillaient sans un mot avec cette entente parfaite issue d'une expérience de peines communes. Il est vrai qu'avec ce joli temps de demoiselle, la manœuvre était aisée. Mais Basile, lorsqu'il avait servi dans la Royale, avait vu bien des yachtmen sur des mers tranquilles cafouiller piteusement. Le *Deo Gratias* dérivait maintenant avec le courant en se dandinant gentiment.

— Aux avirons ! commanda Basile.

Antoine et Mathias empoignèrent chacun une lourde rame qui reposait sur le plancher, comme s'il se fût agi de simples branches légères. Seul Numa vacillait sous son fardeau en s'efforçant de l'engager dans la dame de nage. En deux enjambées, Basile fut près de lui pour l'aider mais le mousse regimba.

— Je peux faire seul.

— A ton aise, dit Basile en appréciant l'orgueil du garçon.

— On va voir combien de temps tu pourras tirer dessus avec tes bras comme des asticots, se moqua sans méchanceté Mathias, déclenchant un petit rire d'Antoine.

— Plus longtemps que toi qui as des biceps

pleins de vin, rétorqua Numa piqué au vif, qui se savait chétif et en souffrait.

— Assez ! trancha Basile, nagez.

Antoine et Mathias se postèrent sur le banc de nage à l'avant. Numa se retrouva seul sur le banc arrière, placé juste derrière le mât. Alors Basile amarra la barre, empoigna un aviron à son tour et s'assit à la gauche du mousse. Il ne disait rien mais en son for intérieur il bouillait de colère. Un homme, une fois de plus, était absent : Louis, son beau-frère. Rarement dans sa vie, Basile avait rencontré pire paresseux que le frère d'Adèle. Du temps de l'école, déjà, sœur Thérèse, leur maîtresse, passait le plus clair de son temps, sa cornette au vent, à fouiller les rochers et les tamaris où se planquait le mauvais élève. Quand elle le dénichait, allongé paresseusement, jouant avec insouciance à désarticuler un lézard, ou arracher les pattes d'un crabe, ou crevant les yeux d'un moineau abattu au lance-pierres, sœur Thérèse le ramenait à grands cris en lui secouant l'oreille avec fureur, toute charité chrétienne jetée aux orties. Maintenant, c'était à son tour de débusquer le déserteur. N'eût été Adèle, Basile l'aurait débarqué depuis longtemps du *Deo Gratias* avec une solide correction. Mais Adèle intercédait toujours pour son jeune frère. Elle disait de sa voix douce : « Ce n'est pas de sa faute, c'est Notre-Seigneur qui l'a voulu ainsi ! » Et Basile, alors, renfrogné, partait à la recherche du fugitif. Il le trouvait chaque fois, car lui aussi connaissait les recoins de l'île et les cachettes les plus subtiles. Parfois, il arrivait que Louis déjouât sa vigilance. Un jour, après la vente sur le continent, le salopard avait disparu au moment de l'appareillage. Basile, Antoine, Mathias et même Numa, qui avait alors onze ans à peine, s'étaient élancés dans la ville à sa recherche, fouillant les bistrots et les maisons mal famées. La mauvaise graine demeura introuvable et le *Deo Gratias* regagna l'île avec un manquant à bord. « Cette fois-ci, c'est fini : si je le retrouve, je lui vide les boyaux comme à un poisson ! », avait hurlé Basile. Adèle n'avait pas bronché. Sagement, elle avait attendu que la colère de son époux se calmât pour obtenir une nouvelle absolution à son frère. Quand le *Deo Gratias,* deux semaines plus tard, avait accosté de nouveau dans le port de pêche, Louis se tenait sur le quai, assis en tailleur, le visage chiffonné par l'inquiétude. Antoine et Mathias avaient passé les aussières sans accorder un regard au renégat qui se l'était coulée douce en ville pendant qu'eux s'arrachaient les bras à virer les casiers, les filets, à nettoyer le bateau, à tirer sur les avirons.

— Ah te v'là, maudit ! avait rugi Basile.

Sans même attendre que la manœuvre fût terminée, le patron avait sauté à quai. Planté devant Louis qui le fixait avec des yeux terrifiés, il cria :

— J'ai promis à Adèle que je ne te botterai pas le cul, je tiendrai parole !

Naïvement, Louis avait cru qu'il échapperait à la punition. Le regard du matelot avait exprimé un véritable soulagement. Mais Basile, il le savait bien pourtant, n'était pas homme à laisser un manquement grave au devoir impuni. Fidèle à la parole donnée à sa femme, il n'avait pas botté le cul du misérable. Il s'était déchaussé un pied. De la main gauche, il avait maintenu Louis par le col de sa vareuse, de la main droite il lui avait assené une grêle de coups de sabot qui l'avaient assommé. Sur le quai et à bord des autres bateaux amarrés, on avait assisté à la raclée avec une attention approbatrice sans le moindre murmure charitable. C'étaient des temps où les patrons pêcheurs devaient faire preuve de poigne en toutes circonstances, où les sévices corporels étaient administrés, telles des potions, pour l'exemplarité. Une époque, aussi, où les moins forts devaient s'ingénier à être plus malins. Finalement, dans cette sorte de comptabilité de gnons et de filouteries, chacun retrouvait son compte.

— Balancez-lui un seau d'eau à la gueule et qu'il se remette au travail, ce fainéant ! avait grommelé Basile.

Et Louis avait reçu une double dose. Un seau de la part d'Antoine qui ne le portait guère dans son cœur. Un seau, bien tassé également, don de Mathias toujours prompt à exécuter les ordres. Seul, Numa, au cœur trop tendre encore, n'avait pas participé à la vindicte.

Une fois de plus, le beau-frère s'était éclipsé. Et de nouveau Basile était partagé entre la fureur et l'étonnement. Pour plus de vérité, la fureur l'emportait. Le patron du *Deo Gratias* ne pouvait admettre que Louis fût absent pendant la tempête et que, ce matin-là, il fût resté dans son grabat alors que les autres, même le mousse, avaient embarqué, soucieux comme lui de savoir si le vilain temps n'avait pas détruit ou emporté les filets et les casiers posés au large. Mais ce comportement désinvolte et indifférent suscitait en lui une bonne part de stupéfaction également. C'était un étrange, Louis. Petit et osseux, il paraissait détaché de tout. Quand on lui adressait la parole, il sursautait comme si on l'arrachait à un rêve. On pouvait apercevoir, par n'importe quel temps, sa silhouette plutôt grêle déambuler le long de la côte, les mains dans les poches, la tête en l'air, butant parfois dans des cailloux, emporté par des pensées qui n'avaient rien à voir avec la vie de l'île. Il lui arrivait aussi de s'immobiliser, et de rester longtemps à observer la course des nuages ou le passage d'une bande de mésanges, ou encore les chevaux et les vaches se rafraîchissant dans la mer. On l'avait questionné. Voulait-il aller vivre sur le continent ? Non, surtout pas. Voulait-il se marier ? Non, vraiment pas. Voulait-il exercer un autre métier ? Maçon, cultivateur, boulanger, garçon d'écurie ? Non, pas du tout. Que voulait-il alors ? Rien. Mais il faut travailler pour vivre ! insistait-on. Vivre ? Pourquoi donc ? demandait Louis, ses yeux bleu sombre arrondis par la stupeur. Vivre pour passer toute sa vie à s'écorcher la peau des mains sur un bateau, à souffrir du froid en mer, à crever de faim sur terre, à se protéger la couenne dans de vieux habits rapiécés, à s'user les pieds dans des sabots ?

— Vous appelez ça vivre ? questionnait-il de sa voix très douce.

La conclusion de Basile était l'évidence même : Louis n'appréciait pas son séjour sur terre. Quant au maire, il avait rapporté du continent une épithète qui avait enveloppé Louis d'une aura suspecte. Pierre-Marie avait dit : c'est un anarchiste. Bien que le terme lui parût obscur, Basile pensait confusément qu'il devait s'agir là, sinon d'une maladie de l'esprit, du moins d'un état exigeant de la vigilance. Heureusement, se rassurait-il, tous n'étaient pas comme son beau-frère.

Tout en souquant ferme sur son aviron, Basile lança un coup d'œil à Numa. L'enfant, les mâchoires serrées, le regard déjà cerné par les efforts, s'appliquait avec une énergie pathétique à tenir le rythme de nage, lent mais puissant, imprimé par Antoine et Mathias. Sous le hâle du soleil, on devinait une peau diaphane que la fatigue vidait de son sang. Pour compenser son manque de robustesse et de poids, Numa, chaque fois, tirait la rame à lui, soulevait du banc ses fesses grosses comme des pommes. Le mousse était fatigué. Sa respiration était haletante, mais il ne demandait pas grâce. Numa irait jusqu'au bout de ses forces. Parce qu'il voulait, plus tard, quand il serait grand, devenir marin, connaître la mer, les courants, les rochers sournois tapis à fleur d'eau, découvrir de nouveaux parages, théâtres de pêches miraculeuses. Plus tard, il serait comme Basile Le regard du patron du *Deo Gratias* s'adoucit. La jeunesse inspire souvent la tendresse. Pourtant, chacun sait que même les loups ont eu des dents de lait.

— Tu veux changer de bord ? proposa Basile au mousse.

— Non, ça va, ça va bien... pas encore.

— Comme tu voudras.

Ce qui trottait dans le crâne du garçon, Basile le devinait sans peine. Lui aussi avait vécu les mêmes illusions, connu les mêmes peines. Il avait onze ans, comme Numa à ses débuts, quand son père l'avait embarqué pour la première fois sur le gros cotre aux flancs rebondis. Une aube de sacrée émotion et de forte frousse pour Basile. Dieu sait si son père n'était pas, comme la plupart des autres pères, un être dur, violent. Certes, souvent, il lui allongeait son poing dans les épaules, mais c'était davantage une bourrade, un rappel à la réalité du jeune étourdi qu'il était, plus qu'un châtiment. Et la mise en garde était toujours la même : « En mer, l'erreur amène le malheur. » C'était une pédagogie bourrue mais efficace. Basile aussi, comme Numa maintenant, avait serré les dents et reniflé ses larmes quand les paumes encore fragiles de ses mains se cloquaient puis saignaient à force de tirer sur les rames ou les filins des casiers.

— Pisse dessus, ça fait pousser des cals ! lui conseillait le matelot de son père avec un sourire sans dents.

Le jeune Basile haussait les épaules, croyant à une farce. Mais non, c'était bien vrai. Les jours d'hiver, quand les cals des hommes éclataient à cause du froid, que les paumes se fendaient, découvrant des chairs à vif, le jeune matelot avait vu ses anciens uriner sur les plaies puis les bourrer d'étoupe et reprendre les avirons. Rien n'avait changé. Avait-il eu, lui aussi, ce même regard fixe, presque désespéré, trahissant une obstination tragique à surmonter son épuisement, que Numa avait à présent ? Probablement. Comme le mousse, à âge égal, il avait décidé qu'il serait un jour patron, qu'il commanderait des hommes, qu'il ne baisserait jamais la tête.

Basile décocha un nouveau coup d'œil à Numa. Il était content de l'avoir à son bord. Il aurait pu hériter d'une tête de mule ou d'une tête en l'air, voire d'un fourbe. La chance lui avait fourni de la bonne graine. Basile décida de ne plus proposer une aide offensante à l'adolescent.

5

– Un pavillon à nous !

La voix pointue au débit rapide, presque inarticulé d'Antoine, retentit sur la mer immobile. Au bout de deux heures de nage, le *Deo Gratias* venait de déborder le rocher noirâtre sur lequel avait été bâti le phare. De la terrasse qui le ceinturait, les deux gardiens qui pêchaient à la ligne firent de grands signes amicaux. Seul Basile répondit à leur salut distraitement. Toutes ses pensées étaient accaparées par son attirail de pêche : il se demandait, avec anxiété, dans quel état il le retrouverait.

— Un peu sur bâbord, ordonna-t-il.

Antoine et Numa relevèrent leurs avirons. Lentement l'étrave du *Deo Gratias* se pointa sur le pavillon au tissu noir et bleu, les couleurs préférées du patron.

— Ensemble maintenant, dit Basile.

Antoine et Numa replongèrent leurs rames dans l'eau, et le sillage du *Deo Gratias* redevint droit. Le soleil était juste au-dessus de la ligne d'horizon, recouvert par un petit nuage long et plat semblable à une casquette.

La mer avait toujours une fixité laiteuse. Sur les rochers qui s'étiraient, comme une longue queue de reptile, dans l'est du phare, les mouettes et les goélands se tenaient droits et statufiés. Tout ce silence, rompu uniquement par les battements des avirons et les souffles des hommes, dégageait quelque chose d'irréel, de fascinant et d'inquiétant à la fois. Près du pavillon qui indiquait l'emplacement du filet, des bancs de mulots nageaient, bouches ouvertes, à la surface de l'eau. Mais à mesure que le *Deo Gratias* approchait, ils s'éloignaient vivement, striant ce coin d'Océan.

— Numa, tiens-toi prêt avec la gaffe, dit Basile.

Le mousse, qui transpirait à grosses gouttes dans son chandail de laine épaisse, rentra l'aviron, le coucha sur le plancher. Il enjamba le banc de nage, passa entre Antoine et Mathias, marcha jusqu'au pavois où était posée la gaffe.

— Ne le manque pas ! cria Basile, et aussitôt il regretta ses paroles blessantes.

Numa, en effet, était d'une habileté insoupçonnable chez un garçon si jeune : il avait le coup d'œil, les gestes précis d'un chat. Le mousse, bien campé sur l'avant, le buste penché sur l'eau, tenait la gaffe pointée vers le pavillon.

— Ralentissez, vous deux, dit Basile.

Les battements des rameurs se firent moins puissants. Les pales pénétraient à peine dans l'eau. Basile, qui avait repris son poste à la barre, fit venir l'étrave à toucher le pavillon. Alors, avec un mouvement vif, Numa crocha le flotteur de liège surmonté de son drapeau, qu'il amena sur la lisse. Comme toujours lorsqu'il effectuait une tâche délicate, qui nécessitait toute sa concentration, un petit triangle de langue dépassait de ses lèvres.

— Tiens bon, mousse, j'arrive, dit Antoine en rentrant son aviron et en allant près de lui.

Les grosses mains du matelot saisirent le cordage, le tirèrent à bord. Mathias était venu lui prêter main-forte et les deux matelots travaillaient en cadence. Dès que le filet apparut et commença à s'entasser sur le pont, Numa le secoua pour l'ouvrir, arracha les longues algues ou les crabes qui s'étaient emmêlés dans les mailles, et rejeta le tout par-dessus bord. Basile, agenouillé près de lui, l'aidait. Tous deux travaillaient en ronchonnant contre la tempête qui avait secoué la mer et poussé tant de goémon dans les mailles. Le *Deo Gratias,* à mesure qu'Antoine et Mathias viraient, dérivait sur son travers, vers le deuxième pavillon, loin encore de plus de cent brasses, qui indiquait la fin du filet.

— Ah ! quand même, soupira Basile.

Tressautants et emmêlés, un congre de vingt livres, un gros lieu, une dizaine de vieilles et de tacauds venaient de tomber à bord. Tandis que Numa démêlait les mailles qui enserraient les poissons, Basile avait empoigné le congre. Le maintenant solidement par les ouïes, il le plaqua contre le plancher. Le patron saisit son couteau. Avec un geste décidé, il enfonça la lame dans les chairs fermes et commença à sectionner la tête. Le sang ruisselait sur le parquet, inondant les mains de Basile, glissant en rigoles épaisses sur son pantalon ciré, tandis que la queue de l'animal tapait hystériquement le plancher. Quand il eut achevé sa décapitation laborieuse, Basile jeta le corps qui se contorsionnait toujours dans une caisse, et il expédia, d'un coup de pied, la tête du congre vers l'avant.

— En v'là d'autres ! exulta Numa.

— Il y a un bon poids ! souffla Antoine, joyeux.

La capture de chaque poisson déclenchait toujours un moment de félicité. De nouveau des congres, des mulots, des dorades, des lieus, une ribambelle de vieilles et de tacauds tombèrent sur le plancher du *Deo Gratias*. Le filet avait été placé dans un bon coin, au bon endroit, et Antoine comme Mathias pensaient que pas un patron pêcheur n'avait autant de flair que Basile. Bien sûr, il connaissait les marques et les emplacements des rochers immergés ainsi que tous les marins de l'île. Mais Basile avait quelque chose de plus que les autres. On aurait dit qu'il devinait, selon les courants et le vent, la couleur de la mer ou la température de l'eau, les saisons, toutes les migrations des bancs. Pour prendre les homards, les langoustes, les araignées ou les crabes, il savait avec exactitude où envoyer les casiers. Le maître du *Deo Gratias* savait se repérer même dans la brume sans le secours d'un compas. Avec lui, son équipage serait sorti par n'importe quel temps.

On était arrivé au bout du filet qui gisait empilé à l'avant, tout entortillé. Sans même que Basile eût à donner un ordre, Antoine et Mathias avaient regagné leur banc de nage et empoigné les avirons. Numa, après avoir entassé le filet dans un coin pour faire de la place, entreprenait le tri des poissons. Dans la caisse, il posait les prises que l'équipage se partagerait pour mitonner la godaille, une soupe épaisse composée de toutes espèces de poissons et crustacés. Dans une bassine rouillée, il jetait les tacauds et les vieilles qui serviraient comme appâts dans les casiers.

Maintenant, le *Deo Gratias* se dirigeait vers le deuxième filet largué dans le nord-est du phare, au large d'une balise rouge. Le soleil commençait à chauffer sérieusement et les hommes dans leurs pantalons cirés et leurs gros tricots transpiraient d'abondance. Le cotre vert était seul dans ces parages, les autres bateaux étant tous au travail dans l'ouest. Le deuxième filet levé avec une pêche décevante — à cause d'une longue déchirure due à la grosse mer qui lui avait fait racler le fond caillouteux — Basile décida d'accorder un répit à son équipage. Le vent, en effet, serait absent toute la journée et la navigation s'effectuerait entièrement aux avirons.

— Bon, dit Basile en soulevant sa casquette pour s'éponger la sueur du revers de la main, on va casser la croûte.

Antoine s'étira longuement. Mathias farfouilla dans ses poches, en sortit une blague à tabac écornée et commença à se rouler une cigarette. Numa, cela faisait partie de ses attributions, partit vers l'arrière où les paniers de vivres avaient été entreposés sous une bâche pas très ragoûtante. Il s'apprêtait à les distribuer quand la voix de Basile, une voix irritée et dure, lui fit monter le rouge aux joues.

— Et alors, tu ne crois pas qu'on va manger

dans cette porcherie ? Lave le pont, maudit gamin !

— Faut toujours lui répéter les mêmes choses à cette sale caboche ! renchérit Antoine d'un ton excédé.

Seul Mathias, qui tirait sur sa cigarette, ne dit rien. Ses yeux jaunes exprimaient de l'amusement. Le long matelot, son mégot au coin des lèvres, les bras croisés sur le poitrail, se moquait éperdument de toutes ces conventions concernant la propreté. Mathias avait une nature sale. Rien ne le rebutait et certains l'avaient surpris le nez plongé dans sa vareuse en train de se renifler avec délice. Pour plus de précisions, disons que Mathias dégageait en permanence des effluves de poisson, sueur, vin, pétrole et autres matières fétides qui éclaboussaient ses vêtements. C'était là une accoutumance à la saleté qui remontait à son enfance durant laquelle ses distractions principales consistaient à jouer interminablement avec des bouses de vache ou à pourchasser ses amis pour les bombarder avec du crottin de cheval. Quand il apparaissait quelque part, à l'école, dans les cafés ou la boutique des sœurs et même à l'église, tout le monde avait un haut-le-cœur tellement le gamin dégageait une odeur pestilentielle. Pour tout arranger, Mathias avait du goût pour les farces atroces. Nombreux se souvenaient l'avoir aperçu posté derrière un pignon, guettant, l'œil rond et séraphique, avec une patience inépuisable. Que guettait-il ? Tout simplement qu'une femme sortît de sa maison pour aller aux champs ou à la fontaine. Alors, courant plié en deux, rasant la terre comme un rat, Mathias pénétrait dans l'habitation déserte, déposait des fientes d'oiseaux ou de poule au creux du lit, entre les draps.

Cette propension tenace pour les plaisanteries puantes lui valut de recevoir différentes raclées par jour aux quatre coins du village, chaque fois qu'il se faisait agripper par ses victimes. Tant que sa pauvre mère fut suffisamment alerte pour lui courir derrière et surtout le rattraper, Mathias subit tous les dimanches, telle une effroyable punition, l'épreuve de la toilette. Tout nu dans une bassine, énergiquement tenu par sa mère qui le lavait à la brosse de la tête aux pieds, il hurlait et sanglotait pareil à un écorché vif. Un jour, agenouillé dans la sacristie, il avait avoué en confession, avec une mimique douloureuse à fendre l'âme, que les contacts de l'eau douce et du savon étaient pour lui un authentique supplice. Plus tard, lorsque l'âge fit décliner la sveltesse de sa mère et qu'elle ne parvint plus à galoper à ses trousses, Mathias rompit définitivement avec l'hygiène. Sa peau s'obscurcit, recouverte au fil du temps par une couche de crasse grisâtre imprégnée dans les pores, indélébile.

Cette particularité fâcheuse exceptée, Mathias était à vingt-deux ans d'un naturel serviable, d'une force appréciable, et toujours puceau.

Pourtant, les femmes ne le laissaient pas indifférent, mais le matelot se contentait de les suivre des yeux ou de ricaner niaisement lorsqu'il les croisait dans le village. D'après Mathias, elles appartenaient à un monde inconnu et compliqué qui le déboussolait. Leurs propos lui paraissaient dénués d'intérêt et il n'avait rien à leur dire. En réalité, Mathias n'était à l'aise que dans la compagnie de ses amis dont il pouvait écouter béatement et indéfiniment les plaisanteries grossières qui le faisaient rire à en étouffer. Mais c'était surtout sur le pont d'un bateau que Mathias était à son affaire : les plaintes du vent, les ronchonnements de l'Océan le plongeaient dans un état d'euphorie qu'aucun jupon n'aurait su lui procurer.

Cependant, un soir, le matelot faillit perdre son pucelage. De tout temps, il avait été admis, dans l'île, qu'à la belle saison les garçons et les filles pouvaient s'étendre dans les champs ou sur les plages. Une jeune fille que les cheveux blonds et bouclés de Mathias avaient troublée, prenant les rênes en main, lui avait fixé un rendez-vous galant sur la plage. Mathias s'y rendit. Allongée sur le sable, après les effusions d'usage, sa compagne posa alors une condition à sa reddition : qu'il consentît à se tremper dans la mer afin de se débarrasser de ce fumet qui l'enveloppait. La jeune fille dont il avait pu apercevoir un peu de cuisse blanche avait encore les traits délicats de son âge. Le mariage et les couvées ne l'avaient pas encore épaissie. Mais les ablutions qu'elle lui imposait représentaient une barrière infranchissable qui avait anéanti d'un coup son trouble. Un peu à contrecœur, Mathias s'était remis debout, puis, après avoir rajusté sa tenue, il avait regardé la fille couchée dans le sable. Ses bras s'étaient écartés dans un geste d'impuissance, comme pour signifier que son exigence était disproportionnée avec le plaisir escompté. Lentement, le matelot avait escaladé la dune, et remonté la petite route qui conduisait au pays, au café. Chemin faisant, il avait pensé que tant d'années de pucelage n'avaient pas altéré sa bonne humeur et qu'il pouvait se satisfaire longtemps encore de son état. Bien sûr, de temps à autre dans son lit, ressentait-il, tel un besoin impérieux, ce quelque chose d'inconnu que seule une femme, cela il le savait bien, pouvait lui accorder. Dans ce moment-là, Mathias grognait un peu, se recroquevillait sous sa couverture et repartait dans son sommeil agité.

— Pourquoi tu ne te maries pas ? lui demandait sa mère qui l'entendait geindre la nuit.

Le fils ne répondait rien. Assis à la table en bois de la cuisine, il mastiquait posément son pain, son lard, sa pomme de terre en buvant son café au lait. Se marier, pourquoi, puisqu'il avait toujours sa mère pour préparer les repas et veiller à ses affaires ? Il avait bien le temps de se trouver une épouse qui, le soir, viendrait glapir sur le seuil des cafés afin qu'il rentrât se coucher.

Adossé au pavois, mâchonnant son mégot éteint, Mathias observait avec amusement le mousse au travail. Numa lavait le pont à grands seaux d'eau qui s'échappait, entraînant toutes sortes de détritus, par les dalots. Le garçon travaillait les lèvres serrées, avec un air buté et des gestes nerveux qui révélaient sa colère. Numa avait été humilié par le ton que Basile avait employé pour le rappeler à l'ordre. Susceptible comme le sont souvent les adolescents, il ruminait des pensées funestes à l'égard du patron. Par moments, à la dérobée, il décochait des coups d'œil à Basile qui exprimaient clairement son ressentiment. Mais le maître du *Deo Gratias* n'était pas le moins du monde troublé par l'attitude hostile de Numa. L'essentiel, à ses yeux, était qu'il obéît au doigt et à l'œil. Quant à ses états d'âme, le temps les assouplirait. Basile devinait aisément les pensées du mousse. Lui-même, dans sa jeunesse, avait connu les mêmes fureurs rentrées, les mêmes dépits. Et puis les années étaient passées par-dessus tout cela. Quand il repensait à sa jeunesse ou quand il tombait nez à nez sur l'unique photo que ses parents avaient fait tirer de lui lors de sa première communion, il se demandait chaque fois quels rapports pouvaient exister encore entre l'enfant aux joues lisses et rondes, aux cheveux noirs, drus et bien séparés par une raie médiane, et ce qu'il était devenu. La mer et le vent creusent vite des rides profondes et blanchissent les cheveux. En contemplant la photographie, unique image de ses jeunes années, Basile éprouvait la sensation de regarder un étranger. Presque un inconnu. Entre ce à quoi il rêvait et ce qu'il était devenu il y avait un abîme.

— C'est bon, tu peux servir ! dit Basile.

Numa reposa avec humeur le seau sous un banc et jeta le balai brosse dans un coin. Puis il tendit à chacun son panier. Il était 10 heures et le soleil, bien haut, était étouffant. Peu à peu, la côte disparaissait, enveloppée dans une brume de chaleur bleutée. A un mince détail près, les repas se composaient tous les jours des mêmes aliments. Avec voracité, Antoine et Numa mordirent dans leur gros pain et leur morceau de lard et leurs pommes de terre bouillies. Basile et Mathias mâchaient lentement. A intervalles réguliers, le patron, après avoir avalé une longue rasade, tendait la bouteille de vin à ses matelots qui buvaient une bonne gorgée à leur tour. Numa, malgré son désir d'être traité comme un homme, n'avait droit qu'à de l'eau. Parfois, un bruissement furtif venait de la mer : c'était un poisson qui, sans doute pourchassé par une espèce ennemie, cherchait son salut en bondissant hors de l'eau.

— Tu vois, dit Mathias à Numa qui regardait toujours avec émerveillement, chacun a ses vacheries !

Et il cligna de l'œil au mousse en indiquant d'un mouvement du menton Basile. L'impertinence sans méchanceté fit sourire le patron qui, les joues pleines, articula avec peine :

— Les vacheries, tu n'es pas prêt d'en finir avec moi !

La journée de travail ne faisait que commencer, ils avaient encore beaucoup à faire avant de mettre le cap sur le port. Pourtant, en ces minutes de détente, dans ce décor apaisé et amical, ils se sentirent subitement heureux, conscients de savourer des moments privilégiés.

6

Pour certains esprits cultivés et raffinés, le plaisir que ressentaient les matelots du *Deo Gratias* pourrait paraître entaché d'une naïveté coupable ou prêter à moquerie tant le contentement sans artifices est suspect. Mais les habitants de cette île égarée aux confins du continent avaient quelques excuses à s'abandonner avec autant de spontanéité à leur béatitude. Leur vie, sur ce bout de terre aux contours d'étoile, fouetté par tous les vents, exposé à toutes les intempéries, était, selon une expression employée par Basile, « un long chapelet de misères ». Un dimanche d'été sublime, après que M. le préfet du département eut visité au pas de charge ses administrés lointains ainsi qu'il le faisait une fois par an, au moment de réembarquer sur la jolie vedette de la Marine nationale, il avait dit avec emphase et peut-être bien sincérité :

— Mes amis, je vous envie de vivre sur cette île si belle et tellement sauvage.

Basile n'avait pu contenir sa rogne. D'une voix sonore où perçait de l'insolence, il avait répondu au haut fonctionnaire, alors qu'il posait le pied sur la coupée en tenant fermement la petite caisse de homards et de crevettes, un don coutumier de la municipalité :

— Ici, monsieur le préfet, on ne meurt pas de vieillesse.

— Ah ? Et de quoi meurt-on, mon ami ?

— D'usure.

Pour bien comprendre cette mauvaise humeur à l'égard du compliment, il fallait savoir que la modeste communauté était parvenue à traverser les siècles à force d'énergie et avec des rangs que chaque affrontement avec l'existence avaient rudement clairsemés. Les rares visiteurs trouvaient aux gens de l'île un drôle d'air. La métaphore témoignait de superficialité, d'un manque évident de perspicacité. En effet, qu'il s'agisse des femmes et des hommes, ou même des enfants, tous possédaient ce regard empreint d'étonnement et de gravité caractéristique aux survivants des épopées ignorées. Les cahiers de la paroisse, que chaque recteur tout au long des siècles avait scrupuleusement tenus à jour, rapportaient avec une sobre minutie des périodes douloureuses, marquées par les naufrages, les épidémies, les invasions, les famines, bref, tous ces tourments successifs que les îliens avaient subi depuis toujours. Aussi ne fallait-il pas être surpris si le moindre événement plaisant était ressenti comme une accalmie et se métamorphosait en joie. Ainsi, le retour des canards sauvages signifiait l'imminence de l'été et tous se délectaient d'avance des chasses qui auraient lieu à l'automne, laps de temps jugé nécessaire pour que les volatiles engraissent. Ainsi, les vents solaires, qui maintenaient les beaux jours, apportaient un réel soulagement et les femmes savaient que les hommes pourraient travailler en mer en sécurité. Ainsi, les récoltes abondantes de blé, de pommes de terre, de foin, d'orge, permettaient d'espérer des mois d'hiver moins pénibles. Ainsi, les premiers jours de septembre, quand on égorgerait les cochons dont la chair, salée, allait remplir les charniers et le sang devenir du boudin, faisaient saliver et les égorgeurs et les spectateurs insensibles aux hurlements des animaux. Tout ce qui pouvait adoucir la vie quotidienne était reçu comme un bienfait du Ciel qui méritait prières et remerciements. Le moindre répit était apprécié comme un moment de grande béatitude. Pour toutes ces raisons, à bord du *Deo Gratias* les trois hommes et l'enfant dégustaient leur repas avec volupté, sur ce coin de mer figée. Le premier à vider son panier fut Antoine. Après avoir émis un petit rot de satisfaction, le matelot aux formes rondes se pencha sur la lisse pour se rincer les mains poisseuses à l'eau de mer. Les manches de son tricot et de sa vareuse retroussées, il se refraîchissait les avant-bras et le visage bronzés, seules parties de son anatomie qu'il exposait au soleil. Après avoir barboté un bon moment, il se redressa et, avec un sourire qui écartait ses lèvres charnues, il dit à l'intention de Basile :

— Elle est bouillante comme en mer Rouge. Tu te souviens ?

Le maître du *Deo Gratias,* qui suçait une patte d'araignée, fit oui de la tête et attendit la suite. Il savait que le gros Antoine ne laisserait pas filer l'occasion de raconter une fois de plus leurs péripéties du temps où ils étaient « fayots », sobriquet réservé aux marins militaires. La circonstance était bonne. Antoine se racla la gorge. Se tournant vers Numa qui ignorait l'histoire et le regardait bouche ouverte, pressentant un récit savoureux, Antoine, avec des mimiques de derviche tourneur, se lança dans son récit :

— Voilà, débuta le conteur, l'aviso colonial sur lequel on a servi, Basile et moi, était stationné à Djibouti. Sa mission était d'arraisonner les boutres arabes qui faisaient du trafic d'armes d'une rive à l'autre. Là-bas, en été, la chaleur est abominable. Rien à voir avec le soleil d'ici, même celui qui chauffe aujourd'hui : une étuve. Notre aviso, qui s'appelait *la Rieuse,* était mouillé en rade. En Afrique, à l'heure de la sieste, tout le monde se planque dans sa cagna pour chercher un peu d'ombre et secouer son éventail. Nous, quand on était hors quart, on gisait affalés comme de vieux crabes dans nos hamacs, torse nu, en caleçon, à larguer des litres de sueur. Il n'y avait pas un souffle d'air dans notre poste d'équipage, à l'avant. Mais quand on était de service sur le pont, tellement chauffé à blanc qu'il brûlait les yeux, aveuglait presque, oh, Seigneur ! c'était l'enfer. Mais avec Basile on a connu pire, vraiment je n'exagère pas. Et par notre faute encore. On se tenait dans une coursive près de l'échelle qui amenait à la passerelle. On était là, calés contre la paroi, bien avachis dans la position du marin au repos et, alors, j'ai eu le malheur de dire : « Qu'est-ce qu'on gaspille comme temps à ne rien foutre ! » Basile m'a répondu : « Les fayots sont des fainéants. » On n'a pas eu de chance. Le Pacha qui sortait de la chambre des cartes nous a entendus et il est venu vers nous. « L'inactivité vous pèse, matelots, à ce que j'ai compris. Parfait. J'ai un remède à ça. »

« C'était un grand type sec et maniéré. Un fregaton qui s'appelait Taller, qui fumait du tabac blond, des cigarettes pour femmes. On ne l'a su que par la suite, mais le Pacha était tombé amoureux de la fille d'un fonctionnaire, quelqu'un d'important. Bon, moins d'une heure plus tard on accostait avec la baleinière de Taller au quai des yachts. La demoiselle était là, avec capeline blanche, robe blanche, ombrelle blanche, le visage rosi par la chaleur. Le Pacha l'a aidée à embarquer, il l'a installée sur un banc recouvert de coussins épais et moelleux, et s'est assis à ses côtés. Tous deux étaient à l'ombre d'un grand parasol à bandes tricolores. Basile et moi, dans nos maillots rayés, on était sur le banc de nage avec chacun un aviron dans les pognes et en plein soleil. « Ecartez-vous de la côte, nagez dans le sud », a ordonné le Pacha. On a obéi. Jamais je n'ai autant souffert du soleil. Il me brûlait la nuque, le cou, les bras. Mes pieds cuisaient dans mes godillots de cuir à semelles cloutées. Cent fois, j'ai cru que j'allais m'écrouler. La sueur me piquait les yeux, me coulait dans le gosier. Bon Dieu, que j'ai eu soif cet après-midi-là ! La tête bourdonnante, par moments, je jetais un regard au Pacha et à sa femelle. Il avait l'air bête des mâles amoureux. Quant à elle, eh bien ! elle minaudait et gloussait comme une poule qui va pondre. Il est vrai qu'elle était un peu pompette. Le Pacha avait fait poser sa glacière à bord, avec une bouteille de champagne et des verres bizarres, très hauts et très fins. Le soir, quand on est rentrés, après avoir débarqué la demoiselle, le Pacha nous a demandé : « Contents de l'exercice ? » Avec Basile, lâchement, on a répondu comme un seul homme : « Oui, commandant. — Parfait, matelots nous nous promènerons encore demain. » Même pas un merci. Même pas un quart de vin de rabiot. Rien ! On a promené le Pacha et sa conquête quatre autres jours. Basile était au bord de la désertion. Et puis, grâce au ciel, on a été envoyés en mission pour arraisonner une flottille de trafiquants. Tu te souviens, Basile ?

De nouveau, le patron acquiesça de la tête. Numa qui avait écouté tout le récit sans bouger d'un pouce, en oubliant même d'avaler sa tartine beurrée, dit indigné :

— Mais il n'avait pas le droit de vous traiter comme des galériens ?

— Détrompe-toi, garçon, il avait le droit. Il avait même tous les droits, répondit Antoine, peu rancunier.

— Range les paniers, Numa ! intervint Basile. Il est temps d'aller virer les casiers.

Le *Deo Gratias* faisait cap au sud, vers le large. Pendant une couple d'heures, l'étrave du bateau avança paisiblement en formant une fine moustache d'écume, poussée par le rythme régulier des rameurs.

Assez vite, la côte embrumée de l'île avait disparu de la vue des hommes. De-ci, de-là, des mouettes silencieuses reposaient par petites bandes, paresseusement, sur l'eau. Enfin, le premier flotteur indiquant l'endroit où se trouvaient les casiers apparut. Le *Deo Gratias* s'en approcha et Numa mania la gaffe. Arc-boutés contre le pavois, soufflant bruyamment, Antoine et Mathias commencèrent à hisser à bord les cages de bois, lestées de grosses pierres pesant près d'une centaine de livres. Quand les casiers arrivaient sur la lisse, ruisselants d'eau, dégageant une odeur vive d'iode et de mer, Basile les empoignait et les posait sur le banc de nage à l'avant ; puis il ouvrait la petite trappe latérale. Sa main épaisse s'engageait à l'intérieur pour le vider. Ses doigts, avec des mouvements répétés un nombre immémorial de fois, possédaient cette habileté issue d'une longue pratique. Ils saisissaient derrière la tête la carapace noire aux reflets bleutés du homard qui s'agitait convulsivement. Les larges pinces capables de broyer des os s'écartaient et se refermaient avec des claquements sinistres. Calmement Basile sectionnait les nerfs des pattes qui aussitôt s'affaissaient comme des ressorts cassés. Le patron nommait l'opération « la vaccination ». Malheureusement, tous les casiers ne détenaient pas un butin aussi intéressant. Dans certains il n'y avait que des araignées, dans d'autres il y avait des petits crabes que Basile balançait par-dessus bord avec mépris.

En tout, il y avait vingt filières à lever, soit cent vingt casiers. Le *Deo Gratias* allait de l'une à l'autre inlassablement. Lorsque les casiers avaient été débarrassés de leur contenu, Basile les « bouettait ». Il s'emparait d'un tacaud ou d'une vieille qu'il embrochait à une tige de bois maintenue par un filin à l'intérieur du piège, et dont le rôle était d'appâter les crustacés. Le *Deo Gratias* décrivait ensuite un large cercle sur l'eau, puis, dès que Basile avait la certitude d'être au-dessus des rochers invisibles, il balançait la filière à la mer.

Par ce grand beau temps, travailler était un plaisir. Mais les jours d'hiver, quand le vent et le courant étaient forts et l'Océan recouvert de crêtes et agité par le ressac, hisser les casiers était un supplice. Plus d'une fois Numa, livide et souffrant du mal de mer, avait piteusement vomi. Plus d'une fois aussi, le mousse avait eu les larmes aux yeux, tellement le froid lui rongeait les chairs. Durant ces heures de grande souffrance, personne ne souriait, ne plaisantait, ne parlait même. Les hommes avaient des regards hostiles. Les mâchoires serrées, encaissant des paquets d'eau glacée les mains engourdies par le froid, ils tiraient les cordages des filières en maudissant la mer, la pêche et leur chienne de vie. Maintenu par Basile debout à la lame, le *Deo Gratias* bondissait puis s'enfonçait dans les creux, tandis que les matelots s'échinaient à amener les casiers tout en veillant à ne pas être éjectés du pont. Les voiles affalées durant la manœuvre, excepté parfois un tape-cul destiné à stabiliser un tant soit peu le bateau, étaient envoyées de nouveau. Alors, gîtant, se cabrant, le *Deo Gratias* manœuvrait pour aborder la filière suivante sous son vent. Il arrivait que Numa manquât le flotteur avec sa gaffe. Basile le fulminait du regard, crachait un long jet de salive en signe de dépit, et recommençait l'approche. Oui, travailler était un supplice. L'eau s'infiltrait partout, par les cols, par les manches, glissait dans les bottes, et tous, même les plus aguerris, les plus insensibles, claquaient des dents.

Mais les bateaux sortaient toujours. Dans l'île on disait avec respect d'un homme qu'il était mort s'il avait péri en mer, on disait avec une sorte d'indifférence qu'il était crevé s'il avait rendu l'âme dans son lit. Le mauvais temps, exception faite pour les fortes tempêtes, ne suffisait pas à retenir les hommes au port. Les très rares personnes qui, pour des raisons fortuites, s'étaient trouvées dans l'île en hiver et avaient assisté aux appareillages alors que le vent hurlait en charriant des embruns, étaient convaincues que ces jours-là dans les yeux des équipages brillait une sorte de folie. Ce n'était pas tout à fait faux. Il fallait avoir perdu la raison pour quitter les mouillages. Mais la témérité des hommes avait une justification : ils devaient récupérer leurs filets, leurs casiers, tout ce gréement de pêche sans lequel ils n'auraient pu continuer de travailler. A l'exception des filets, qu'ils achetaient sur le continent, les pêcheurs fabriquaient eux-mêmes leurs casiers avec des ajoncs qu'ils sciaient et clouaient patiemment quand ils avaient, comme ils disaient, du temps à perdre.

A cause de ces satanés casiers, Basile avait vécu une mésaventure dont on parlait toujours dans l'île, avec un amusement admiratif. Le *Deo Gratias* se trouvait en pêche dans les parages d'une balise dans l'est de l'île, une aube de février. Outre le vent piquant, un petit crachin dense et continu grêlait la mer, réduisant la visibilité. Depuis un bon quart d'heure, Basile s'usait les yeux à chercher une filière qui avait dérivé parce que les bouts auxquels étaient amarrés les lests des flotteurs avaient dû céder. Tout en fouillant la mer, le patron ne cessait de marmonner entre ses dents des imprécations : abandonner au courant une filière de six casiers représentant presque deux semaines de travail, il n'en était pas question. Ballotté par une longue houle, le *Deo Gratias* tournait sans cesse mais en vain.

— Il est sur la balise ! cria soudain Antoine en tendant l'index.

On distinguait à peine le flotteur parmi les creux mouvants car sa couleur se confondait avec celle, gris sombre, de l'Océan.

— La vache ! Il est pris dans les cailloux, annonça Mathias à l'avant, tandis que l'étrave bondissait sous ses pieds.

Basile, remontant au vent, les voiles bordées à plat, avait défilé à une dizaine de brasses de la tourelle. Mathias avait vu juste : le filin était effectivement coincé entre deux rochers, et il était à craindre que les casiers, dans le fond, ne se fracassent à la longue.

— Qu'est-ce qu'on fait ? s'inquiéta Antoine.

La décision de Basile avait été prompte.

— Tu prends la barre et tu fais route à toucher le caillou.

— Et après ?

— Après, je saute sur la tourelle, je décoince le bout et tu reviens me chercher.

— Tu vas aller sur la tourelle avec le vent qu'il fait ?

— C'est moi qui donne des ordres !

Antoine avait pris la barre. Le *Deo Gratias* était passé à frôler les rochers. En équilibre sur la lisse, Basile avait guetté le moment propice, et alors que les autres le regardaient avec anxiété, il avait bondi et atterri à quatre pattes sur le socle de la balise. Ses mains, aussitôt, avaient saisi le piquet planté dessus qui supportait un cône rouge. Puis, alors que le *Deo Gratias* s'éloignait pour virer de bord et revenir sur lui, Basile descendit de son piédestal avec prudence et entreprit de libérer le filin. Le bateau était repassé devant lui mais le patron n'y avait prêté aucune attention, tant il était occupé à récupérer son bien. Tout aurait pu se dérouler sans ennuis, ni émotions. Tenu par les mains expertes d'Antoine, le *Deo Gratias* serait venu présenter son flanc à la tourelle, hop ! d'un bond Basile aurait regagné le pont, avec la satisfaction d'avoir ramené ses casiers. Mais non ! le vent, ainsi que cela se produisait souvent en cette saison, s'était levé avec une brusquerie sournoise. Venir tout près de la balise où se tenait Basile, immobile telle une statue édifiée en l'honneur des imprudents, aurait déjà constitué en soi un réel exploit maritime, où la folie l'aurait disputé à la virtuosité. Mais un autre inconvénient, de non moindre importance, était venu s'ajouter au premier. L'entreprise périlleuse menée par Basile s'était déroulée un jour de grande marée et au début du jusant. La mer donc avait commencé à descendre rapidement, interdisant à Antoine de rembarquer le téméraire. A mesure que le niveau de la mer baissait, les rochers se dénudaient et Basile s'était trouvé de plus en plus haut perché sur l'eau. La situation n'était pas seulement ridicule, elle pouvait devenir dramatique. Avec le retour du flot, Basile allait se retrouver dans la mer jusqu'aux aisselles et, ankylosé par le froid, risquait de lâcher le piquet et d'être emporté par le courant. Pendant huit heures, le malheureux demeura debout avec le cordage de la filière amarré autour du poignet. Le vent avait soufflé en bourrasques et l'Océan avait retrouvé son grondement menaçant. Pendant sept heures, le *Deo Gratias* évolua autour de la tourelle. Terriblement agité, Antoine ne cessait de gémir :

— On ne peut pas le laisser là et on ne peut pas aller le chercher ! Que faire ?

Tandis que le jour déclinait, l'équipage observait avec angoisse son patron qui sautillait sur son perchoir pour lutter contre l'engourdissement du froid. Mais il était écrit en cette fin d'après-midi que le ciel, lassé de cette farce qui n'avait que trop duré, serait clément pour l'imprudent. Aussi subitement qu'il était venu, le vent était reparti. Pour Antoine, le moment était arrivé de tenter le sauvetage. Avec une précision d'horloger, il avait amené l'étrave du *Deo Gratias* presque à buter contre les rochers balayés par l'écume. Alors, il avait présenté le travers du cotre à la balise. C'était le moment ou jamais : Basile, propulsant sa carcasse, avait sauté sur son bateau tout proche, sans abandonner le filin. Les mains de Mathias et de Numa l'avaient saisi au vol et le patron avait basculé sur le pont. Aussitôt Antoine avait abattu, remis de la brise dans la voilure et le *Deo Gratias* s'était écarté de ce parage scabreux. L'exploit de Basile avait été inutile. Quand Mathias ramena la filière à bord, les six casiers étaient éventrés et irrécupérables.

— Ouf ! La corvée est terminée.

Antoine venait de larguer le dernier flotteur de la journée et se massait les mains endolories tandis que Mathias s'essuyait le front ruisselant de sueur avec un chiffon graisseux, qui déposa des taches brunâtres sur sa peau. Il était 17 heures. Le soleil était encore bien haut sur la ligne d'horizon, le *Deo Gratias* tenait la mer depuis l'aube. Accroupi dans un coin, Numa s'escrimait à retirer une écaille de dorade logée entre l'ongle et la chair du pouce, qui le faisait souffrir. Basile, lui, jaugeait la pêche. Alignés dans les caisses, dix-sept homards, vingt-trois grosses araignées, autant de crabes bien pleins, s'ébattaient dans leurs prisons. Pour cent vingt casiers sortis de l'eau, il n'y avait pas de quoi pavoiser, mais c'était toujours ainsi quand les tempêtes avaient soufflé : la mer, en brassant les fonds, remuait le sable qui opacifiait l'eau ; dans ce décor trouble les crustacés ne trouvaient pas le chemin des casiers.

— On s'est encore esquintés pour pas grand-chose ! grogna Basile de mauvais poil.

— C'est mieux que rien, essaya de le consoler Antoine.

— Les autres auront peut-être moins que nous, dit Numa en levant les yeux de son pouce qui saignait, trahissant ainsi par cet espoir peu charitable les rivalités qui opposaient les bateaux.

Basile ne prolongea pas la discussion. Avec des gestes empotés, il se démenait pour ôter — malgré ses bottes — son pantalon ciré. Comprenant que le patron n'était pas d'humeur causante, les autres entreprirent à leur tour de se débarrasser de leurs vêtements de travail dans lesquels ils transpiraient d'abondance. Il y eut une tournée qui vida la bouteille de vin, puis chacun retourna à son poste sur les bancs de nage. Le *Deo Gratias* se dirigea vers le port.

Il était près de 21 heures quand le cotre prit son mouillage. Après avoir vérifié que les aussières tenaient bien, Basile s'apprêtait à aider ses matelots à débarquer dans la plate les caisses contenant la pêche, lorsqu'il aperçut une agitation insolite sur la plage proche du port. Des femmes et des hommes s'étaient attroupés sous la croix de granit. Parmi toutes ces silhouettes, Basile reconnut celle d'Adèle, minuscule, puis celle de Stanislas, herculéenne. L'une et l'autre agitaient les bras dans sa direction, lui faisant signe de les rejoindre sans tarder.

« Qu'est-ce qui a bien pu arriver encore ? » se demanda-t-il.

Depuis le grand survol des oiseaux et la mort du recteur, le patron du *Deo Gratias* avait le pressentiment opprimant que de graves événements allaient se dérouler, dont l'île aurait à pâtir.

— Numa, tu me débarques à la côte et tu ramèneras la plate aux autres, décida Basile sans quitter la plage des yeux.

La cloche de l'église sonnait le glas.

Sur les livres de la paroisse, les recteurs avaient noté que, lors des grandes circonstances, la population de l'île se réunissait au grand complet, à l'exception des enfants que l'on expédiait caracoler dans les champs, et des grabataires, bien entendu. Depuis toujours, les femmes assistaient aux importants conciliabules des hommes et, si elles ne prenaient jamais part aux discussions publiquement, il était notoire que, dans l'intimité de leurs foyers, elles influençaient considérablement les décisions masculines. D'ailleurs, peut-être parce que les hommes étaient en mer ou au port, les grandes querelles opposaient généralement des belligérantes, à croire que les mâles ménageaient leurs forces pour aller en pêche ou labourer la terre. Excepté ces rares altercations, la population de l'île était incapable d'indifférence. Lorsque la fatalité atteignait ses rivages, elle se rassemblait instantanément.

7

Le soleil venait de disparaître derrière l'horizon et en cette heure tardive la plage recevait cette lumière sans clarté qui précède l'arrivée de la nuit. Dès que la plate eut raclé le fond sablonneux, Basile descendit et, sans un mot pour Numa, il remonta jusqu'à la foule qui s'était massée en cercle. Des murmures s'en exhalaient et, aux expressions douloureuses des femmes, aux regards pensifs des hommes, Basile comprit que la mort seule était responsable de cet attroupement. Des mains, il écarta sans brusquerie ceux qui se trouvaient devant lui et il avança jusqu'au centre du cercle. Pierre-Marie s'y trouvait déjà avec sœurs Thérèse et Céline, les deux religieuses qui dirigeaient la boutique et l'école. A leurs pieds, à moitié dénudés par la mer, avec des plaques de sable sur le corps, quatre noyés gisaient, leurs yeux grands ouverts dans des visages violacés, les corps ballonnés par l'asphyxie. Malgré sa répulsion, Basile détailla lentement les cadavres des deux femmes et des deux hommes qui reposaient dans ces attitudes déformées qu'ont les grosses méduses quand elles crèvent à la côte. Avec soulagement, Basile ne reconnut aucun des noyés.

— On sait qui c'est ? demanda-t-il à Pierre-Marie.

— Non, personne ne les connaît. D'après moi, à voir leur état, ils sont morts depuis trois ou quatre jours mais les pauvres gens n'étaient pas des marins : ils ont des habits de civils. Va savoir d'où ils viennent ! On les a fouillés, mais on n'a rien trouvé dans ce qui leur restait de poches. Enfin, ils ont eu de la chance de ne pas avoir été pincés par des crabes...

Le maire fut interrompu par les grincements des deux carrioles traînées par des chevaux qui descendaient la dune vers eux. Sans doute effrayés par l'odeur qui se dégageait des cadavres, les animaux, après une embardée, s'arrêtèrent en hennissant. Il fallut les fouetter, les bâtonner pour qu'ils allassent, en détournant la tête, jusqu'aux noyés.

— Il me faut des volontaires pour charger les corps, dit Pierre-Marie.

Tout en sachant que la triste corvée ne les concernait pas, les femmes eurent un mouvement de recul. Quant aux hommes, sur le coup, ils firent la sourde oreille, attendant que le maire désignât ses aides. Le temps passait. Le crépuscule s'installait. Avec agressivité, Stanislas, que tous ces atermoiements impatientaient, avança sitôt suivi de son frère.

— Allons-y, dit-il à Clovis, on ne va pas rester ici toute la nuit !

Sans hésiter, les deux frères se mirent à l'ouvrage. L'un empoignant les bras, l'autre tenant les pieds, ils balancèrent sans égards les morts dans les carrioles.

— Quand même ! fit Ange, indigné par tant de désinvolture.

Les chevaux escaladèrent la dune, redescendirent vers le champ jusqu'à la route qui conduisait au village. Derrière eux et leur macabre cargaison, la procession des habitants s'étirait tel un serpent. Basile avait laissé les autres prendre de l'avance avant de se mettre en marche à son tour, sans plus se soucier du *Deo Gratias* et de l'équipage. Adèle se tenait à ses côtés. Il avait passé son bras autour de ses épaules, retrouvant un geste affectueux qui datait de leurs fiançailles et qu'il n'avait plus renouvelé depuis leur mariage.

Apparus dans les premiers jours de juin, les hannetons vrombrissaient dans la nuit. Maintenant, Basile en fut certain, un grand désastre se tramait. La mort du recteur, les mouettes et les goélands, la tempête, les noyés en étaient les prodromes. Adèle, qui connaissait bien son compagnon, fut alarmée par son air soucieux.

— Tu penses qu'on va avoir de la misère ? lui demanda-t-elle dans un murmure.

— Non ! lui mentit Basile pour la rassurer.

Mais Adèle savait qu'il mentait.

Sous un ciel piqueté d'étoiles, le cortège atteignit le centre du village, une placette de terre battue que bordaient un café et le bureau postal. Basile entraîna Adèle dans une ruelle qui débouchait vers leur maison. Par instants, un chat ou un chien détalaient devant eux, interrompus dans leur festin composé d'une tête de poisson ou d'une coque de crustacé. Dans le pays, les habitants jetaient tout dehors, le vent et les animaux se chargeant du nettoyage. Par moments, Adèle balayait l'air de la main pour écarter les hannetons qui devenaient trop pressants autour de ses cheveux noirs ramassés en chignon. Les rues n'étaient pas éclairées. Aussi, malgré la faible clarté de la lune, la femme et l'homme marchaient en prenant garde à ne pas buter dans des cailloux ou se tordre les chevilles dans des trous. Enfin, ils furent devant leur maison, érigée dans l'ouest de l'île, près de l'école et de la bâtisse désaffectée des douanes. Adèle entra la première et Basile l'entendit tâtonner dans la nuit, à la recherche des allumettes soufrées. Patiemment, il attendit sur le pas de la porte. Enfin, il y eut un craquement, une flammèche et la lampe à pétrole éclaira la cuisine. Après avoir posé sa casquette sur le banc près de l'entrée, Basile traîna une chaise vers la lourde table de bois et s'installa. Un verre sale et la bouteille de vin rouge n'avaient pas été desservis et Basile pensa que Louis, le beau-frère, était venu boire, profitant de son absence. Mais des faits trop graves venaient de se dérouler pour qu'il s'emportât. Il se servit et but lentement tandis qu'Adèle se tenait debout derrière lui, attendant qu'il prît une décision. Alors, Basile sortit de sa poche son couteau de pêche, en déplia la lame au tranchant bien affûté, et dit :

— Ce soir, je soupe à la maison.

Il était rare que le maître du *Deo Gratias* dînât chez lui. Dans l'île, un vieil usage voulait que la population adulte mâle se retrouvât chaque soir à la cantine, une grande salle aux murs de pierre, qui flanquait le bureau postal. Pour un étranger, l'entrée de la cantine en était aisément repérable car clle était balisée par un énorme tas de vieilles coques, pattes, arêtes, tous ces résidus malodorants des dîners, que les convives balançaient en partant.

Chaque soir, fidèles à un rite ancestral, les hommes au retour du port passaient chez eux. Il s'agissait là d'une brève escale destinée à déposer le panier vidé de ses vivres, enlever les bottes pour enfiler les sabots, changer de casquette et parfois de pantalon, se raser aussi et empocher quelques sous pour aller dans les cafés. Dans le passé, il y eut une époque où l'on en compta dix-sept, ce qui provoqua bien des cas de delirium, de cirrhoses mortelles, de dégénérescences, de boiteux, de bossus, de sourds, bref un nombre fascinant de bancals et d'anormaux dont les recteurs eux-mêmes, pourtant réputés sobres, ne purent tenir les statistiques à jour. La vérité oblige à dire que ces libations quotidiennes et assidues avaient transmis des héritages fâcheux dont on trouvait des séquelles dans les comportements étranges de certains. On avait beau dire, en guise de consolation, que l'air du large et les travaux de la pêche balayaient et éliminaient les abondants excédents d'alcool dans le sang, le vent et la mer ne pouvaient tout de même pas décaper les artères et rincer les cervelles. Pour des raisons ignorées, le nombre des cafés décrut. Il n'y en avait plus que six, mais ils étaient largement suffisants pour enivrer la population mâle, les femmes n'étant tolérées dans les bistrots que le dimanche matin après la sainte messe.

Une autre coutume voulait qu'afin de ne pas froisser les cafetiers, par délicatesse, les consommateurs fissent la tournée des six bistrots. Cela avait du bon, dans certains cas. Ainsi, si un différend était né en mer entre deux patrons, avec échanges de menaces graves, les adversaires pouvaient aller d'un café à l'autre en feignant de se chercher et en s'évitant avec habileté. Las ! il arrivait qu'une circonstance retardât l'un et précipitât l'autre, alors les ennemis se trouvaient nez à nez dans le même local. Ni l'un ni l'autre ne pouvant reculer devant l'assistance qui reposait ses verres, on interrompait les parties de coinchée ou de « vache » — un jeu de cartes pimenté de grimaces — et c'était l'empoignade. Après un honorable échange de coups, on séparait les combattants et la paix se réinstallait. Et puis, vers 19 heures, les cafés se vidaient. Plus ou moins chancelants, en chantant ou en invectivant, selon qu'ils eussent le vin bon ou mauvais, les hommes rentraient chez eux. Les enfants les embrassaient en leur souhaitant bonne nuit. La femme se tenait debout, présentant à son époux le dîner qu'elle avait préparé dans un panier. L'homme marmonnait un vague remerciement, partait vers la cantine.

Ils n'étaient pas loin d'une centaine à s'entasser autour de trois longues tables aux plateaux épais et rugueux. En pénétrant dans la salle chichement éclairée par deux lampes à pétrole suspendues au plafond lambrissé, chacun cherchait du regard un ami afin de prendre place près de lui. Il déballait son dîner, généralement composé d'une soupe de lait dans laquelle on trempait du pain, de poisson, de lard, de beurre salé et de pommes de terre cuites dans la cheminée. A mesure que les heures passaient, le ton des voix montait, des altercations d'une table à l'autre éclataient, certains fumaient, d'autres chantonnaient, ou évoquaient des souvenirs, ou inventaient des histoires. Parfois, mais cela était rare, les plus éméchés se lançaient dans des récits grivois, mais après quelques rires, on les faisait taire sèchement, car, malgré bien des défauts inhérents à l'espèce humaine, c'était une population dénuée de vulgarité. Enfin, vers 21 heures, la cantine se vidait à son tour. A cause des levers matinaux, les hommes se couchaient tôt et ils dormaient d'un sommeil pesant. Ce rythme de vie installait chez les couples des relations sentimentales particulières. Les mariages, excepté la période éphémère de l'attirance amoureuse, étaient davantage une alliance d'efforts et de tâches différentes mis en commun qu'une union de tendresses. Les partenaires, les associés pourrait-on dire, se choisissaient dès l'adolescence, notamment à la belle saison, lors de promenades dominicales le long des plages. La mariée savait que, plus ou moins bien, elle serait nourrie toute sa vie. Le marié savait que, plus ou moins bien, il serait servi toute son existence. Quant à l'acte de chair, il se déroulait plus souvent quand les bateaux ne sortaient pas à cause du mauvais temps, c'est-à-dire rarement et rondement.

8

— Quand tu auras terminé ton souper, j'irai veiller les morts, dit Adèle.

Basile, qui était en train d'achever sa friture de poisson, ne répondit pas tout de suite, suivant le cours de ses pensées. Il venait de récapituler mentalement le nombre de crustacés entassés dans ses viviers et, leur quantité lui paraissant suffisante, il avait décidé qu'il partirait pour la vente, le lendemain. A cause sans doute de l'exiguïté du territoire, tout se savait dans l'île. Et il était parvenu aux oreilles de Basile que deux bateaux allaient effectuer la traversée : le *Berceau des Martyrs,* des frères Stanislas et Clovis, le *Benedictus* d'Ange. La prudence la plus élémentaire enseignait qu'il était préférable d'affronter la navigation à plusieurs afin de pouvoir se secourir en cas d'avarie.

Après avoir avalé une bouchée et s'être rincé le gosier avec une gorgée de vin, Basile répondit enfin à Adèle :

— Va prier. Moi, j'irai me coucher. Demain j'appareille pour le continent. L'équipage n'a plus d'argent et voudrait ses parts. Et nous aussi on commence à être à sec...

Adèle ne dit rien, n'eut même pas un soupir. Dans l'île, dès leur enfance, à l'arrivée de l'âge de raison, les filles étaient habituées à ces fréquentes migrations des hommes et accoutumées à vivre entre elles, attendant leurs retours. Souvent, quand la solitude ou un sentiment d'abandon pesaient trop lourd, elles avaient entendu leurs mères seriner un dicton qui deviendrait le leur quand elles seraient femmes : « Femmes de marins, femmes de chagrins. Femmes de pêcheurs, femmes de malheurs. »

Dans son dos, Basile entendit les chaussons d'Adèle glisser sur le parquet de leur chambre à coucher. La jeune femme cherchait son châle et son foulard noir dans le fouillis de leurs affaires, un capharnaüm entretenu par la négligence de Basile auquel elle n'avait jamais pu remédier. Il est vrai qu'entre l'étroit boyau qui constituait leur cuisine et la modicité de leur pièce, tout rangement se révélait une entreprise insoluble. Basile était vraiment trop négligent : ses cirés, ses bottes, des filets, des cordages, sans parler de ses vêtements, encombraient continuellement le plancher. Egoïstement, il comptait sur elle pour remédier à son incurie. Ainsi que tous les hommes de l'île, il était persuadé que la femme, entre autres, était venue au monde pour accomplir cette sorte de besogne. Parfois, quand il parcourait du regard son désordre inextricable, il souriait avec un regard émerveillé et disait : « Quel foutoir ! » C'était dans ce foutoir qu'Adèle cherchait son châle et son foulard pour aller veiller décemment les noyés. Après avoir déplacé bien des objets, elle finit par les retrouver dans un seau. Elle s'apprêtait à s'en couvrir lorsque, provenant de la rue, des sanglots et des vociférations la firent sursauter. Les pleurs, Adèle le devina aussitôt, étaient ceux d'Anne, sa meilleure amie : elle seule savait pleurer avec une telle obstination douloureuse. C'était un chagrin très reconnaissable, des vibratos modulés qui passaient de l'aigu au hululement, qui rappelaient les inconsolables lamentations des femmes arabes. A intervalles de plus en plus rapprochés, Anne criait : « Ne t'en va pas, reviens, reviens... » Des éclats de voix, presque des mugissements, couvraient la supplique. C'était Stanislas. Quand une scène de ménage éclatait dans son foyer, celui que l'on avait surnommé l'hercule hurlait comme un possédé déclenchant un raffut d'enfer. C'était sa manière à lui de libérer sa fureur et son impulsivité. Le patron du *Berceau des Martyrs* savait qu'avec ces énormes battoirs qu'étaient ses mains il ne pouvait, ainsi que cela se pratiquait sous d'autres toits, frapper sa femme, incroyablement petite et de constitution fragile. Quand Stanislas se bagarrait, il déchaînait des forces titanesques. On chuchotait, et pas seulement dans l'île mais dans les ports du continent où le *Berceau des Martyrs* accostait pour les ventes, que Stanislas avait bien plus que du sang sur les mains.

Anne, sous ses coups, aurait été mise en miettes. Alors, quand la colère de Stanislas atteignait son point paroxystique, le colosse hurlait à pleins poumons : « Je retourne chez ma mère. »

Il s'ensuivait un vacarme d'objets déplacés et, tandis qu'Anne continuait de larmoyer, Stanislas sortait de chez lui, ployant sous le poids d'un fardeau qu'il considérait comme son bien, sa dot de mariage : une cuisinière à charbon de fonte noire, à trois fourneaux, grosse comme une commode, qui pesait plus de cent kilos, Stanislas, avec son énorme colis parfois fumant encore, entre ses gros bras recouverts d'un pelage dur et sombre, tel Vulcain emportant sa forge, traversait le village sur toute sa longueur pour aller se réfugier dans la petite maison maternelle, au toit délabré, derrière le bureau postal. Personne ne se serait risqué à rire ni même à sourire tant Stanislas était effrayant avec ses yeux injectés de sang. Sa mère, qui était presque aussi petite que la bru, consolait l'époux malheureux, puis, dès le lendemain matin, au petit jour, elle se rendait chez Anne dont le chagrin semblait intarissable, afin d'entreprendre patiemment des démarches qui rétablissent la paix conjugale. Parfois, l'épouse abandonnée se faisait tirer l'oreille pour accorder son pardon ; en d'autres occasions elle consentait, sans tergiverser, à faire amende honorable. Mais la femme de Stanislas, qui ne manquait pas de finesse, concluait ces pourparlers en parodiant la formule célèbre du mariage. Elle disait à sa belle-mère, avec un soupir à fendre l'âme : « Je suis mariée pour le malheur et pour le pire. »

Anne, comme bien des petites femmes, avait des traits de caractère agaçants : elle était tatillonne, butée, pleurarde et despotique à la fois. Elle se rebiffait si Stanislas lui témoignait un geste de tendresse, mais elle en réclamait s'il se montrait indifférent. Toutefois Anne n'avait pas que des torts. L'origine de la plupart des disputes était, en vérité, d'une monotonie navrante. Alors que les femmes de l'île s'évertuaient à ne rien gaspiller, à tout utiliser, car aucune n'avait, de sa vie, jamais connu l'abondance ni le superflu, Anne, comme les autres, supportait mal que Stanislas dépensât dans les cafés le peu d'argent qu'ils possédaient. Ce n'était pas le seul reproche. Anne souffrait beaucoup de la solitude. Dans le village, la plupart des familles avaient des enfants. On pouvait apercevoir presque partout de quatre à huit gamins, perpétuellement affamés, se presser autour des tables dans les cuisines. Anne avait appartenu à l'une de ces tribus. Aussi, quand le sentiment d'abandon l'opprimait trop, elle en voulait à Stanislas de ne pas lui avoir fait un fils ou même une fille. Alors, dès qu'il rentrait à la maison après ses longues stations au café puis à la cantine, Anne l'attendait de pied ferme, frémissante de colère. Ses yeux verts le fixaient, provocateurs, puis elle se lançait dans une interminable tirade de griefs. Pour l'humilier, enfin, elle ponctuait son homélie en lui lançant : « Tu n'es capable de te coucher que pour cuver. » Sous l'insulte, Stanislas blêmissait et entrait en colère. Après avoir balayé du revers de la main tout ce qui se trouvait à sa portée, après avoir assené quelques coups de poing contre la cloison de bois qui en crachait ses clous, il s'emparait de son fourneau et prononçait la formule rituelle : « Je retourne chez ma mère. »

La dispute, ce soir-là, avait éclaté pour une raison inimaginable. Stanislas s'opposait à ce que sa femme se rendît à l'église. Les cadavres apportés par la mer le laissaient indifférent. Le patron du *Berceau des Martyrs* n'aimait personne, à l'exception de sa mère, pas même son frère Clovis avec lequel il avait fréquemment de dures empoignades. Dans ses bons jours, l'hercule supportait tant bien que mal les gens nés sur sa terre. Mais tout étranger éveillait instantanément en lui une méfiance malveillante. Quand, sur la route du retour, alors que les autres étaient affligés par l'arrivée des morts, il avait claironné avec une gaieté cynique : « Au lieu de les enterrer on ferait mieux de s'en servir pour appâter les casiers », il livrait le fond de sa pensée. Stanislas, en vérité, était mauvais. Le recteur avait pu le dompter en le menaçant des Enfers. Encore que cette crainte ne l'eût pas empêché de blasphémer dès que le prêtre avait tourné le dos. Mais le recteur était mort, son successeur pas encore débarqué, et le gros ours était en liberté.

Un seul être ne le craignait pas et ne baissait jamais les yeux devant lui. C'était Anne. Et les sanglots de la jeune femme, ses cris de suppliciée, ses invocations à Notre-Dame la Blanche, la Vierge protectrice de l'île, trompaient son monde, car dans la réalité ces manifestations de chagrin tapageuses étaient ses armes et non des témoignages bruyants de faiblesse. Car Stanislas revenait toujours au bercail flanqué de sa mère et cédait en chaque circonstance, même lorsqu'il avait raison. Ses départs, fourneau dans les bras, que l'on aurait pu considérer comme des attitudes énergiques n'étaient en fait que des fuites. Sa force titanesque dont il ne pouvait se servir contre sa femme devenait sa faiblesse. Il ne pouvait plus que rugir et menacer, avant de battre en retraite avec son appareil de cuisine, terrassé par les arguments de sa minuscule compagne.

Une fois de plus il avait repris le chemin qui le ramenait à sa mère. La nuit l'avait avalé. Ses hurlements, peu à peu, avaient diminué en cours de route. Le calme était revenu. Alors Anne vint frapper à la porte d'Adèle. Basile la vit entrer, avec son joli visage très fin et doux encore bouleversé par les pleurs, ultimes traces d'une peine éphémère, car déjà elle avait retrouvé sa sérénité.

— Je dérange ? demanda Anne, et sa voix avait cette tension inquiète de petite fille dont elle savait si bien faire usage.

— Non, répondit Basile nullement dupe du manège et qui, au fond de lui-même, éprouvait une sorte d'admiration reconnaissante pour la jeune femme qui savait si bien mener sa brute de mari par le bout du nez.

— Tu es prête ? demanda Anne d'une voix plus pointue.

— Me voilà, répondit Adèle en débouchant de sa chambre avec son châle et son foulard noué sur ses cheveux.

Les deux femmes se regardèrent furtivement mais Basile surprit l'échange et sourit. Les années avaient beau passer, pensa-t-il, elles étaient toujours aussi complices que du temps de leur enfance. Quand les hommes étaient en mer, elles passaient leurs journées ensemble, tour à tour dans la maison de l'une puis de l'autre, jacassant mutuellement, liées par cette connivence qui s'installe parfois chez les filles et qui n'a rien de comparable avec le compagnonnage des garçons. Mais dès qu'elles n'étaient plus seules, Anne et Adèle se taisaient, ne communiquant plus que par des regards.

— Bonsoir Basile, dit Anne en entraînant son amie par le bras.

— Bonsoir Basile, répéta Adèle en franchissant la porte.

Le patron du *Deo Gratias* se leva et sortit. Jambes écartées, il les suivit tant qu'il put des yeux, se demandant combien d'années encore Dieu les maintiendrait si jolies.

Brusquement, il eut envie d'Adèle, envie de ne pas se sentir seul avec ses idées sombres. Une légère brise vint frôler son visage. Basile leva la tête pour regarder le ciel. Là-haut, se faufilant dans les étoiles, des nuages blancs s'étiraient : demain il y aurait du vent. Alors, Basile rentra se coucher.

Les corps gisaient alignés sur les dalles grises, en plein milieu de la sacristie, côte à côte, enveloppés dans des draps blancs qui avaient appartenu au recteur défunt, à croire que les morts s'entraidaient. La femme de Pierre-Marie et celle d'Ange, assistées par la bonne de feu M. Thomas, plus expérimentée que les autres dans cette triste besogne, les avaient toilettés et coiffés, puis revêtus de vieilles nippes rapiécées, de vareuses et de pantalons usés jusqu'à la trame, y compris les noyées. Une lampe à pétrole posée sur la commode qui contenait les vêtements sacerdotaux éclairait d'une lumière jaunâtre l'annexe de l'église. Il y faisait bon. La température plutôt fraîche ne pouvait que convenir aux cadavres dont l'odeur, particulière à la mort, se mélangeant à celle de l'encens, était très supportable.

Durant la première heure de veille, Adèle, Anne, Delphine, Caro et Clémence étaient restées sagement sur les chaises cannées à débiter leur chapelet. Seules leurs lèvres remuaient très vite et le bourdonnement de leurs prières s'ajoutait à celui de sœur Thérèse, tassée sur un banc aux côtés de sœur Céline, et qui leur faisaient un brin d'escorte durant la veillée funèbre. Et puis, l'âge avait eu raison de la piété de sœur Thérèse. Le visage émacié et craquelé de rides avait pris une teinte diaphane sous l'effet de la fatigue. Les paupières de la vieille religieuse retombaient de plus en plus fréquemment et lourdement. En lui tapotant l'épaule avec une déférence affectueuse, sœur Céline, bien plus jeune et novice dans l'île, lui avait suggéré à voix basse :

— Allez vous reposer, ma mère. Notre-Seigneur ne vous en tiendra pas rigueur. Il sait combien vous êtes épuisée. Venez, je vous accompagne.

— Vous avez raison, ma fille. Je prie comme une somnambule.

Les pieds du banc avaient raclé le sol. Sœur Céline avait aidé son aînée à se remettre debout, puis, la soutenant par un bras, elle l'avait entraînée vers la porte qui ouvrait sur le petit cimetière.

Demeurées seules, les jeunes femmes continuèrent de prier plusieurs minutes encore. Et puis, de la même manière qu'elle agissait petite fille au cours de catéchisme quand la religieuse — déjà sœur Thérèse — s'absentait, avec le même regard, avec la même intonation, Anne dit en gonflant les joues :

— Ouf ! Et si on se reposait un peu ?

Seule Delphine eut un semblant d'hésitation. Les autres ne firent pas d'embarras pour reposer les chapelets sur leurs genoux. L'occasion était trop belle de commérer ensemble dans la quiétude de la sacristie, loin des maris, des enfants, des parents, loin des tâches domestiques et des corvées, dans l'unique compagnie des morts. Il ne fallait pas s'offusquer de cette spontanéité avec laquelle elles échangeaient des propos apparemment frivoles et inconvenants dans un tel lieu et un tel moment. Cette complicité qui les réunissait n'était ni le résultat du hasard ni des attirances. Dans l'île, les générations, si elles s'intégraient naturellement aux usages de la communauté, demeuraient distinctes les unes des autres. Bientôt, elles firent du raffut dans la sacristie. Leurs retrouvailles avaient cette gaieté débridée des récréations d'antan.

C'étaient des femmes dotées de fichus caractères, de lubies imprévisibles, de mélancolies subites, de nervosités épisodiques provoquées par les nonchalances masculines. Elles pouvaient se chamailler, se brouiller, déployer l'éventail des rosseries féminines, mais elles avaient un trait particulier : ces femmes de l'île évitaient le mensonge. Non pas que jamais aucune n'eût essayé de travestir la vérité, mais les tentatives étaient vouées à une issue déplorable qui entachait de ridicule la coupable démasquée.

Comment, en effet, mentir sur une terre si étroite où tout se savait et où tous supportaient les mêmes contraintes ? Un impitoyable héritage de dénuement transmis à travers le temps. Dans chaque maison on trouvait le même haut lit de bois, au matelas d'algues séchées, aux couvertures rapiécées et élimées, la même armoire trapue noircie par la cire, la même table longue et les bancs et la cheminée de pierre si vaste qu'en hiver, quand on brûlait les joncs et les roseaux, les enfants s'y entassaient à l'intérieur pour se chauffer. Dans chaque famille on mangeait la même bouillie, ou la soupe au lait avec du pain, et du poisson frais l'été ou du lard salé l'hiver et, les jours de grande pénurie, les berniques arrachées aux rochers. Partout, c'était identique. A quoi bon se mentir ?

Les cinq amies, bavardes comme des pies, n'avaient pas vingt ans. Leurs corps étaient sveltes, aux chairs fermes. Aucune d'elles ne possédait la gamme des minauderies et des roucoulements des femmes des villes, qu'elles n'avaient jamais vues et dont elles ignoraient tout. Elles n'employaient pas non plus ces attitudes provocantes qui servent à appâter les mâles, car les grondements en chaire du recteur, les sévères remontrances des religieuses, la crainte permanente des foudres du Seigneur mettaient bon ordre à tout égarement sur le chemin de la vertu. L'éveil des filles à certains agréments de la vie ne se manifestait que par le rire et les jeux du regard. Mais, à les bien observer, on aurait pu découvrir, malgré l'extrême jeunesse de leurs visages, les premières esquisses des rides.

Dans la sacristie le bavardage s'essoufflait. De temps en temps, Adèle chassait de la main les mouches qui exploraient les linceuls des morts. Et puis, ce fut le silence. Les fatigues de la journée les engourdissaient l'une après l'autre ; les regards perdaient de leur éclat, devenaient flous, les têtes s'inclinaient. Delphine avait repris son chapelet et se forçait à prier pour ne pas s'endormir. Le moment de grand bonheur s'était évaporé, chacune rentrait dans sa coquille et retrouvait ses soucis.

La journée avait été longue. Elle avait débuté avec la préparation hâtive des paniers destinés aux hommes qui, après leur nuit passée à bord, allaient repartir à la mer. Dès que Numa se fut emparé de celui réservé à Basile, Adèle avait empilé dans une large bassine de fer le linge sale. En chancelant, elle avait transporté son fardeau jusqu'à la brouette devant la porte. Puis elle était partie vers le lavoir édifié en plein air dans un vallonnement proche de la fontaine, dans le nord. Pour que les poules et les chiens ne pussent entrer chez elle, Adèle avait tiré la porte sans la fermer à clef, car cela ne se faisait pas dans l'île. Sur la route de terre battue, d'autres femmes poussaient d'autres brouettes, car le jeudi était inscrit comme le jour des lessives. De 6 à 10 heures, agenouillées, elles avaient savonné, frotté, brossé, rincé, essoré, étendu en silence. Dans le groupe, il y avait des vieilles qui, parfois, se redressaient pour atténuer la douleur qui envahissait leur dos. Un peu avant 10 heures, deux gamines étaient remontées au pays en courant. Quand elles étaient revenues, elles tenaient dans leurs mains des bouteilles de pimpant, un petit vin blanc léger, doux et pétillant, mis au frais, que les laveuses buvaient au goulot, en plissant les yeux.

Selon leur habitude, les dockers étaient venus les importuner en leur faisant des mimiques et des grimaces un peu obscènes mais en se tenant prudemment à distance. Ceux que l'on avait surnommés les dockers étaient les trois uniques mendigots de l'île que, à la suite de tribulations, tares et bêtises, aucun patron et même aucun équipage ne voulait embarquer : Ernest, Léon, Simon étaient devenus clochards chez les miséreux.

9

Toute espèce animale, toute race humaine, nation, peuplade, horde ou meute, requiert un chef. Et Léon était le chef de cette modeste escouade errante que même les chiens refusaient de suivre. Il avait dû être assez joli garçon, Léon, avec ses traits fins et réguliers, surmontés de cheveux noirs, devenus tignasse, qui ondulaient. Il avait dû être solide et fort également. De taille moyenne, il lui restait encore de larges épaules, des hanches étroites, des fesses plates, mais ses biceps ne pouvaient même plus soulever un aviron. Quand il ricanait béatement, tout décharné dans ses haillons, il ressemblait à un épouvantail, et d'ailleurs les oiseaux ne s'approchaient pas de lui, pas plus que les autres. Les poux et les puces le picoraient sans trêve et il se grattait convulsivement.

L'alcool, découvert lors des escales sur le continent, plus les quantités phénoménales de vin ingurgité l'avaient rongé. A la longue, toutes ces boissons avaient déteint sur lui en imprimant sur son visage bouffi et chiffonné une coloration qui virait, selon les jours, de l'ébène au violacé. Aussi lui avait-on donné le sobriquet de Bamboula. La folie qui s'était emparée de lui, après avoir longtemps mijoté, s'était déclenchée à la suite d'un pari que Léon avait tenu dans un café. Contre quelques pièces reçues en cas de victoire, il devait boire, sans s'accorder de pause, cinq litres de vin. Fernand avait relevé le gant. Il avait observé les cinq bouteilles alignées sur la table, réfléchi à la façon dont il répartirait son effort, puis, sous les regards rigolards des autres, après un dernier dandinement correspondant à un élan, il avait entamé son marathon.

Les témoins de l'exploit se souvenaient que jusqu'à la troisième bouteille Léon fit face sans peiner exagérément. L'assistance l'encourageait stupidement de la voix alors que lui puisait son courage en léchant des yeux la petite monnaie placée près des bouteilles. Ce fut quand il entama le quatrième litre que le regard de Léon devint exorbité, qu'une transpiration inquiétante recouvrit son corps frémissant. Peut-être aurait-il abandonné. Mais on lui criait : « Vas-y Bamboula ! » et Bamboula but son malheur jusqu'à la lie. Quand il eut achevé la cinquième bouteille qui lui déclencha un rot retentissant, Léon ne profita ni de son triomphe ni de son misérable pactole. Ses yeux se révulsèrent, il eut une expression effrayée et il s'écroula. La philippique que passa le recteur aux participants, pendant qu'il s'efforçait de ranimer le comateux, fut d'une rare violence, et le prêtre, que cette incommensurable sottise avait mis hors de lui, brandit le poing et eut des écarts de langage assez peu compatibles avec son sacerdoce. Enfin, au terme de plusieurs heures, alors qu'on le croyait perdu, Léon revint à lui. Il souleva précautionneusement ses paupières et sourit gentiment. On le remit debout avec soulagement. Mais Bamboula n'était plus le même. Les jours suivants, on l'aperçut courant sur la lande, bras écartés, riant à s'en étouffer. Sa gaieté devait être très forte car il tombait, roulait sur les chardons qui lui arrachaient des cris de douleur et d'amusement, puis se relevait et reprenait ses galops forcenés. Léon n'était pas méchant.

Ernest était assez foutraque, également. Et lui aussi avait été déboussolé par les excès de boissons. Il était tout petit, proche de l'espèce naine, et il réduisait davantage encore sa taille en se tenant voûté, les bras ballants le long du corps, les mains frôlant presque le sol. Son visage tout en largeur était saisissant quand il parlait, car il avait une bouche immense qui s'ouvrait sur des gencives édentées. Ernest ne souriait jamais, rouspétait tout le temps et marchait en tous sens d'une allure agitée. On l'avait surnommé, au début, le Pygmée. Et puis, le surnom avait changé. Il était devenu Crâne de cailloux, du jour où il fut victime d'une chute malencontreuse. Les faits, rapportés par le recteur, M. Thomas, qui se trouvait sur les lieux, se déroulèrent de la façon suivante : un bateau s'apprêtait à quitter l'île pour le continent. On allait larguer les amarres quand la silhouette sautillante d'Ernest apparut sur la dune. Un sac volumineux qu'il traînait ralentissait son allure. De son bras libre il gesticulait :

— Attendez-moi, les gars ! s'égosillait-il.

Ne pouvant prévoir la suite, ils l'attendirent. Tout essoufflé, Ernest arriva sur le quai, saoul perdu comme un jour de fête.

— Où vas-tu ? lui demanda le recteur, intrigué.

— Je m'en vais. Je n'ai jamais vu le continent, j'y vais donc. Je quitte ici. Et pour toujours, monsieur le recteur !

A cause de la marée descendante bien engagée, le bateau se tenait à deux bons mètres en contrebas du quai, et les matelots et le patron regardaient le pochard déguenillé avec des sourires narquois.

— Mais comment vivras-tu sur le continent, malheureux ? demanda encore le recteur, espérant détourner l'inconscient de son projet fumeux.

— Pas pire qu'ici ! répliqua Ernest buté.

En chancelant, il s'approcha du prêtre à qui il tendit une main noirâtre que M. Thomas serra à contrecœur.

— Que Dieu te protège, mon fils, lui dit-il en le bénissant d'un large signe de croix.

Mais Dieu devait avoir l'oreille ailleurs et n'entendit pas les paroles bénies de son serviteur, sans quoi, indubitablement, il aurait imposé une tournure différente à la suite des événements. Tout se déroula à une allure si fulgurante que personne ne put parer aux maléfices du Destin. Toujours cahotant, Ernest s'était avancé jusqu'à la lisière du quai, charriant son colis contre lui.

— Hep ! les gars ! avait-il prévenu ceux d'en bas qui, mains dans les poches et têtes en l'air, le regardaient, hep, les gars ! gaffe à vous, j'envoie mon sac.

Sitôt dit, sitôt fait. Ernest rassemblant ses forces, les veines de son cou gonflées à éclater, souleva le lourd bagage, fit « hop-là », et le propulsa dans le bateau. Quelle pensée aberrante lui traversa l'esprit, l'entraînant dans une erreur aussi fatale ? Nul ne le sut jamais. Mais le résultat fut terrible. En balançant son lourd fardeau, Ernest omit de le lâcher et il partit à sa suite, entraîné par le poids. Son crâne atterrit le premier sur le pont. Il y eut un craquement sinistre que tous entendirent et puis une large flaque de sang auréola le voyageur. Passé le premier moment de stupeur, les marins s'approchèrent du corps immobile. Avec écœurement, ils virent la peau éclatée sur les cheveux qui laissait apparaître la tâche blanchâtre de la calotte crânienne. Le sang s'écoulait avec impétuosité.

— Il est mort ! décréta le patron du bord en levant la tête vers le recteur qui, sa soutane relevée, se tenait jambes fléchies sur le quai.

— Dieu a rappelé cette pauvre créature à lui. Ne soyons pas tristes. Prions ! dit M. Thomas encore abasourdi par la promptitude de l'irrémédiable.

Le recteur entama, sous le vol de quelques mouettes, le *De Profundis,* d'une voix mélancolique car il aimait bien Ernest et ses amis. Quand il eut prononcé la formule finale, *Requiescat in Pace,* il administra une nouvelle bénédiction à la brebis perdue.

Mais il était dit, ce jour-là, que Dieu s'évertuerait à dérouter l'entendement humain et prouverait une fois de plus l'impénétrabilité des voies du Seigneur. A moins que le Ciel n'eût éprouvé une certaine honte d'avoir laissé se perpétrer une telle étourderie ? Ou bien le Tout-Puissant jugea-t-il qu'Ernest n'avait pas vécu suffisamment de tribulations lui garantissant son viatique pour une éternité paisibie. Là encore, mystère divin absolu. Mais le mort vivait encore. Et pour le recteur aussi bien que pour les marins, il s'agissait de l'un de ces miracles qui ne figurerait pas dans les tablettes du Vatican. Avec stupéfaction, les témoins du drame virent la poitrine d'Ernest se soulever puis ils entendirent une faible plainte s'exhaler de son gosier.

— *Deo gratias !* murmura M. Thomas.

— *Amen !* répondirent machinalement les hommes du bateau.

Avec des égards infinis, le ressuscité fut ramené au village, laissant sur le chemin un sillage de sang. Le recteur le fit déposer dans un lit de camp installé dans le presbytère, lava la blessure à l'eau bouillie, enroula le crâne dans un épais bandage et pria. Longtemps Ernest demeura inconscient ; la barbe poussait sur son visage cireux, sa respiration était saccadée, la température se maintenait élevée. L'on commença à croire qu'il était un mort en sursis. Lorsqu'un soir, après les vêpres, Ernest, comme Léon, rouvrit prudemment les yeux. Un certain temps dut s'écouler avant qu'il pût se remettre sur pied. Enfin, le jour vint où, ébloui par le soleil et étourdi par le vent, il retrouva l'air libre. Mais Ernest aussi avait changé. Crâne de cailloux avait fréquemment les idées à l'envers. En retrouvant des forces, il se remit à boire et, quand l'alcool déclenchait un feu dans sa tête, il lui arrivait de mordre les verres dans lesquels il buvait. Alors, on pouvait le voir décamper dans les rues du pays, avec ses lèvres déchiquetées et sanguinolentes, sous les risées des autres. Ernest, lui non plus, n'était pas méchant.

Simon, lui, n'était pas un pochard. Il buvait avec modération. Et s'il devint docker ce fut parce que la malignité de la nature et l'avidité des hommes se liguèrent contre lui. Simon était muet de naissance et un peu sourd : il entendait assez de côté, mais rien du tout de face et cette imperfection le contraignait à agiter la tête comme un perdreau traqué. Sa voix ne produisait que des sons rauques et inaudibles, mais, grâce à une obstination pathétique, Simon était parvenu à domestiquer quelques syllabes. A force de l'entendre grogner on avait fini par comprendre que lorsque l'infirme grasseyait « Botou motteû », cela signifiait : « Bonjour monsieur », que lorsqu'il s'essoufflait pour prononcer « Teû ba teûter da toup », il voulait dire : « Je vais chercher la soupe ». Sa mère et, plus rarement, son père le nourrissaient de temps à autre, après que le recteur, outré, leur eut reproché de manquer de miséricorde.

— J'ai bien du mal à ne pas mourir de faim, comment voulez-vous que je veille sur lui qui ne sait même pas trouver une moule sur un rocher ? se défendait sa mère avec mauvaise foi.

— Mais il est ton fils ! lui rappelait M. Thomas.

— Hélas !

Le recteur avait effectué bien des démarches pour raviver un peu de charité chrétienne, mais en vain.

— C'est un bon à rien qui s'emmêle les mains quand il démêle un filet : le Bon Dieu ferait mieux de le rappeler à lui au lieu de le laisser à notre charge ! s'emportait son père.

— On ne porte pas de jugement sur le Seigneur, l'admonestait M. Thomas en ajoutant : quant à la charge, elle ne te pèse pas lourd. N'oubliez pas, toi et ta femme, que le Tout-Puissant punira votre satané égoïsme le jour du Jugement dernier !

La menace faisait son effet. Pendant quelques soirs Simon avait droit à une écuelle de soupe. Et puis, la mère et le père se trouvaient toujours un bon prétexte pour mettre un terme à leur bonté.

Une fin d'après-midi, Simon quitta le coin de grenier dans lequel sa mère l'hébergeait. Il préféra partager la cagna que Léon et Ernest, les sans-famille, avaient érigée avec des tôles et des rondins de bois contre le muret du cimetière. Pour y accéder, les trois vagabonds devaient s'accroupir et entrer à quatre pattes, comme dans une niche. M. Thomas leur avait donné des couvertures dans lesquelles ils s'enveloppaient les nuits d'hiver, avant de se recroqueviller les uns contre les autres pour se réchauffer. Ils pâtissaient beaucoup du froid. Aussi, pouvait-on les apercevoir le matin, sautillant sur place, leur couverture sur les épaules en se tenant frileusement devant un soleil bien pâle, toussant à se décrocher les poumons. Les nuits d'été, ils ronflaient comme des bienheureux dans le sable chaud, à l'abri des criques. Mais, même à la belle saison, il arrivait, de plus en plus souvent, que Simon crachât du sang.

Ce fut Pierre-Marie, le maire, qui eut l'idée de leur trouver une fonction, d'après une suggestion de M. Thomas. Paradoxalement, Léon, Ernest, Simon qui ne demandaient rien à personne gênaient les bonnes consciences. Leur présence encombrait. Quand ils déboulaient, à la queue leu leu, sur les dunes ou dans les champs, avec des rires niais, s'agitant tels des pantins, s'immobilisant soudain pour tenir d'étranges conciliabules en se tapant sur les cuisses comme s'ils méditaient des coups pendables, puis repartant, puis rebroussant chemin, s'arrêtant encore pour repartir ailleurs, leurs apparitions fantomatiques étaient un rappel sévère et intolérable des mauvais agissements des autres.

Quand ils se risquaient à traverser le pays, il se trouvait immanquablement quelqu'un pour marmonner : « Ils ne crèveront donc jamais ? », ou d'autres pour leur lancer des pierres, ou d'autres encore pour les bousculer. Parfois, avec des mots alléchants, on attirait les nigauds dans les cafés afin de les faire boire. « Viens donc prendre un coup, il fait chaud ici. » Et eux, ballots, entraient chaque fois confiants. « Heureux les humbles... », disent les Evangiles. Pour les trois pauvres diables qui se nourrissaient à peine de moules ou de berniques, des rares pommes de terre chapardées dans les champs, des quelques soupes du recteur ou des sœurs, peu de verres suffisaient à les enivrer. Alors, dès qu'ils avaient le regard vitreux et la démarche instable, on les flanquait dehors comme des chiens galeux. Un soir qu'on les regardait de derrière les fenêtres courir dans la lande, après leur expulsion à coups de bottes, Stanislas dit :

— Saouls perdus comme ils sont, ils finiront un jour par se fracasser la tête sur les rochers de la côte !

Il y eut un murmure désapprobateur.

— Eh quoi ! bande de faux culs, vociféra Stanislas, c'est bien ce que vous attendez tous, non ?

Si le malheur ne se produisit jamais, ce fut grâce à la vigilance de Simon. Le muet, peu habitué à boire, vomissait dès qu'il mettait le nez dehors et retrouvait sa clairvoyance. Bien qu'affaibli par la toux qui lui labourait la poitrine, Simon courait de Bamboula à Crâne de cailloux, tel un chien de berger, agrippant l'un, tirant l'autre, ramenant ses amis, avec une volonté tragique, sur le bon chemin de la guitoune. Au prix d'efforts désespérés qui usaient ses dernières énergies, Simon les faisait entrer dans leur gourbi fétide, les allongeait, les enveloppait dans leurs couvertures, puis se faufilait parmi eux. Tandis que Léon et Ernest cuvaient en ronflant, Simon, les yeux grands ouverts dans la nuit, toussait pitoyablement.

M. Thomas n'avait pas été sans remarquer cette animosité qui soulevait le village contre les trois parias. Et il commença à s'inquiéter pour eux. Aussi avait-il décidé de s'en ouvrir au maire, un samedi soir, alors que les deux hommes organisaient les corvées de nettoyage, de restauration des murets, d'arrachage des patates, ces tâches pénibles qui incombaient, à tour de rôle, aux familles de l'île.

— Pierre-Marie, dit soudain le recteur en reposant ses bésicles sur son bureau, hier les enfants ont pourchassé Léon avec leurs lance-pierres.

— Je sais, monsieur le recteur, fit le maire vaguement embarrassé.

— Un jour, tout ça risque de finir mal, reprit M. Thomas, en regardant le maire droit dans les yeux.

— C'est bien possible, monsieur le recteur, approuva Pierre-Marie, dont le visage se rembrunit.

M. Thomas s'était levé. Il avait marché jusqu'au buffet encaustiqué, avait pris deux verres, une bouteille aux formes rondes, puis regagné sa place. Pierre-Marie tournait sa casquette entre ses doigts. Il savait aussi que le prêtre ne pouvait rester indifférent aux persécutions, bénignes encore, dont étaient victimes Léon, Ernest et Simon. Il se doutait bien qu'avec sa franchise habituelle il lui en parlerait et lui suggérerait d'intervenir. Le moment était donc venu. Mais avant d'aborder le vif du sujet, M. Thomas avait rempli les verres.

— A ta santé, Pierre-Marie.

— A la vôtre, monsieur le recteur.

Une fois de plus, le prêtre, respectueux des lois laïques, allait expliquer ce qu'il exigeait. Au maire, représentant de la République, de faire appliquer ses idées. Avec une petite grimace, car le marc était raide, Pierre-Marie reposa son verre. Alors, M. Thomas parla et sans mâcher ses mots.

— Il y a longtemps, dit-il, que je vis parmi vous : près de sept années. Si tu crois que j'ai passé tout ce temps uniquement à prier, à célébrer les messes, à tenir les comptes de la paroisse, à aider pour le fauchage des foins et des blés, à baptiser, donner des extrêmes-onctions, bénir les morts et les vivants, Pierre-Marie, tu t'es trompé.

Il se tut pour boire une petite gorgée. Jamais M. Thomas n'avait parlé avec un ton aussi dur, remarqua Pierre-Marie.

— Je vous ai regardés vivre, je vous ai écoutés. Je vous connais bien tous. Le résultat de mes observations, que le Seigneur me pardonne, est que vous êtes mauvais. Dans cette île, qui paraît perdue au bout du monde, qui est coupée de tout, et où vous partagez la même infortune, vous devriez être plus unis, plus solidaires que partout ailleurs. Et qu'est-ce que je découvre dans la réalité ? Des pêcheurs qui préfèrent donner des poissons aux poules plutôt que de nourrir des miséreux ! Et pourquoi ça ? Parce que de vieilles rancunes les opposent ! Lamentable. Je pensais, moi qui viens de la ville où les gens ne sont pas bien bons, je pensais qu'ici l'isolement vous aurait apporté la sagesse. Je me suis trompé : vous êtes envieux, égoïstes, querelleurs, cupides et insensibles. L'unique chose qui vous unisse, c'est l'amour de votre terre. Pour le reste, vous êtes de grands pécheurs. Si je n'avais pas la foi, si je ne croyais pas en notre Sauveur, si je ne m'en remettais pas à son jugement, eh bien ! Pierre-Marie, je te l'avoue, je désespérerais des hommes. Peut-être ne t'aurais-je jamais parlé ainsi, peut-être ne me serais-je jamais confessé avec autant de sévérité, si tes administrés ne s'en étaient pris à trois pauvres créatures, trois pauvres d'esprit. Que, maintenant, même vos enfants vous imitent dans la méchanceté, cela, je ne puis le tolérer. Tu es le maire, tu es fort, les habitants te respectent et te craignent. En vérité, Pierre-Marie, je te le dis : tu dois agir !

— Comment, monsieur le recteur ? La population n'apprécie guère les trois mabouls parce qu'ils flânent quand les autres triment.

— Il y a peut-être un moyen, Pierre-Marie. Si tu désignais nos trois miséreux pour décharger les cargaisons du courrier ?

— L'idée est bonne, monsieur le recteur, et je suis certain, dit le maire avec un air sous-entendu, qu'elle vous trotte dans la tête depuis longtemps. Mais c'est d'accord : désormais les trois bougres seront dockers. Pas la peine de leur donner de l'argent qu'ils dépenseront au café : on les paiera en litres de vin et en boules de pain.

C'est ainsi que Léon, Ernest et Simon furent affectés à la corvée. Chaque semaine, quand le grand voilier venant du continent accostait, c'étaient eux qui amarraient les aussières aux anneaux, eux qui entassaient les marchandises sur le quai. Personne ne se moquait plus d'eux. Non seulement parce qu'ils avaient retrouvé une utilité, mais aussi parce que le maire, le seul à avoir tabassé Stanislas, ce qui était une référence, avait promis une raclée à quiconque les importunerait. Avec des trognes hilares, Léon Ernest et Simon roulaient sur leurs brouettes les cochons entravés débarqués du courrier, les cages à poules, les balles de tissus et les fûts de vin attendus par tous avec impatience. Après quoi, ils allaient percevoir leur salaire ; sept bouteilles de vin chacun, deux miches de pain, parfois du lard, leurs rations pour la semaine. Simon mis à part, les deux autres sifflaient tout en moins de deux jours puis sombraient dans une longue léthargie. Quand ils retrouvaient un semblant de lucidité, ils s'alliaient pour dénicher la réserve de Simon. Mais l'infirme, après s'être fait voler au début, était devenu rusé : il cachait ses bouteilles dans les plages. Léon et Ernest avaient beau creuser le sable, en le maudissant, en le menaçant : le muet restait insensible.

Peu à peu, dans l'île, on prit l'habitude de louer leurs services pour une aiguillette séchée, pour un tricot effrangé, pour une vieille paire de bottes. Ils cassaient du bois, charriaient le fumier des étables jusqu'aux champs, allaient chercher des seaux d'eau à la fontaine, aidaient à bâtir ces murets bas qui protégeaient les terres des grands coups de vent. Le reste du temps, ils déambulaient en toute impunité dans l'île. Cependant, malgré leurs cervelles tourneboulées, ils n'en étaient pas moins des hommes. Aussi, Léon, Ernest et Simon aimaient-ils aller rôder près du lavoir pour reluquer les lavandières...

10

A mesure qu'elles avaient achevé leur lessive et empilé leur linge tire-bouchonné dans les bassines, les femmes avaient repris leurs brouettes et remonté la route qui allait au village. Sans s'accorder de répit, elles avaient suspendu leurs effets à des cordes tendues près de leur maison. Contrairement au linge que l'on pouvait apercevoir dans les quartiers populeux des villes, bigarré et voyant, celui de l'île n'offrait que des couleurs discrètes : le blanc pour les draps, le bleu pour les habits masculins, le noir pour les vêtements féminins. Adèle n'aimait pas ce long et fastidieux travail au lavoir. Non pas qu'il fût particulièrement fatigant, mais l'eau ramollissait les paumes que les femmes avaient presque aussi dures et calleuses que les hommes. Quand, pour compléter leur journée, elles devaient ensuite travailler aux champs ou dans leurs jardins, les manches des pelles, des râteaux, des sarcloirs provoquaient des ampoules qui, à un moment ou à un autre, éclataient. Cet après-midi-là, Adèle, après avoir avalé debout une tranche de pain beurré avec des patates bouillies, avait retrouvé ses amies déployées sur le vaste champ de l'est qui descendait en pente douce du fort. D'une année sur l'autre, on changeait : une fois c'était aux prairies de l'ouest de produire ; la fois suivante c'était au tour de celles de l'est. Cette alternance était appliquée avec sagesse afin de permettre à la terre exploitée de se reposer.

Adèle avait donc ramassé des pommes de terre. Et puis, sur un signal de Victoire, la plus ancienne de toutes, l'escouade de femmes avait entrepris le nettoyage des rues sans nom du pays. Il s'agissait d'une ordonnance inscrite sur la vieille charte qui régentait l'île et à laquelle aucune ne pouvait se soustraire. Adèle s'était échinée à ratisser et ramasser les épaves de caisses, les os rongés par les chiens, les bouts de papier, les carcasses de poulets ou de crustacés, toutes ces cochonneries délestées des maisons, qui encombraient les rues. Enfin, quand le soleil s'était trouvé à une bonne main au-dessus de la ligne d'horizon, Adèle avait regagné son logis. Il était environ 18 heures. La jeune femme avait allumé les roseaux dans la cheminée, mis à cuire la soupe de poisson et de pain. Parfois, une amie passait la tête dans l'encadrement de la porte ouverte, saluait, lançait une plaisanterie ou un commentaire sur le temps, les enfants, puis poursuivait sa route vers ses occupations. Ainsi, Anne, après avoir bu un bol de café clair et jacassé un peu, était repartie traire ses vaches et battre son beurre. Quant à Adèle, sa douzaine de poules nourries, leurs œufs ramassés, elle s'était attelée à nettoyer sa chambre. Une couche de poussière sablonneuse recouvrait tout constamment, malgré ses coups de chiffon et de balai. Non seulement la poussière s'infiltrait sous la porte et par les interstices de la fenêtre, mais elle se faufilait par le toit dont la charpente était pourrie, et qui manquait de plusieurs ardoises. La pousssière, encore, Adèle et Basile s'en seraient accommodés. Mais la pluie leur faisait endurer de véritables supplices. L'hiver, quand les orages détrempaient l'île, transformant les champs en marécages, les gouttes, après avoir serpenté le long des poutres et des fermes, ruisselaient à l'intérieur de leur chambre, rongeant la chaux des murs, dégoulinant sur le lit. Basile avait tenté quelques expériences pour remédier à ces déluges : il avait posé des tôles sur le parquet du grenier, étendu des bâches, placé des bacs. Rien n'y fit. Il pleuvait toujours à l'intérieur, moins fort qu'à l'extérieur, certes, mais il pleuvait quand même. Une nuit qu'ils étaient sortis du lit, trempés comme des serpillières, claquant des dents et pataugeant dans une grande flaque glacée qui s'était formée sur le parquet, Basile, à bout d'idées, trouva enfin la solution idéale :

— On va dormir dans mes cirés.

Lui en avait l'habitude et n'en fut pas trop gêné. Mais Adèle, au début, eut du mal à trouver le sommeil dans ces vêtements craquant et puant l'huile. Et puis, parce que la nature humaine s'adapte à tout, elle s'accoutuma à entrer avec sa chemise de nuit et un chandail dans l'épaisse tenue caoutchoutée et maladorante que lui tendait son époux.

Mais il existait plus infortunés qu'eux. Ceux dont le toit mal arrimé avait été emporté par un coup de vent. En effet, l'hiver, il fallait ligoter les toitures si l'on ne voulait pas courir le risque de retrouver sa maison scalpée. Ces précautions étaient prises en automne. On balançait de gros cordages, une dizaine environ, par-dessus les ardoises, auxquels on attachait, à chaque extrémité, de lourdes pierres ou de vieilles ancres. La prudence exigeait que l'on en vérifiât régulièrement la tension, car si les aussières se relâchaient le vent en profitait pour tout emporter.

En criant, un groupe d'enfants était passé à la poursuite d'un chat. Puis le silence était revenu. Quand le vent était absent, on éprouvait parfois la sensation que le monde s'était arrêté. Adèle se tenait dans l'ombre de sa cuisine, tout au fond près d'un buffet, assise sur un banc, les chevilles gonflées par les fatigues de la journée. Elle mâchonnait un fruit qu'elle avait décroché du figuier du recteur, le seul arbre vivant sur l'île. Les paupières mi-closes, la jeune femme se reposait enfin. Combien de temps était-elle restée ainsi, immobile, l'esprit vide, le corps engourdi, Adèle eût été incapable de le dire. C'est la voix d'Anne qui l'avait brusquement extraite de sa torpeur.

— Viens vite à la côte. Des noyés sont arrivés.

Maintenant le jour se levait. De la petite fenêtre de la sacristie l'on pouvait voir l'horizon se colorer d'orange. Le soleil allait bientôt déborder. Tout autour d'Adèle ses amies dormaient, ratatinées sur leurs chaises. Elle seule n'avait pas fermé les yeux.

Les inquiétudes de Basile, lentement, s'étaient glissées en elle. Adèle aussi commençait à croire que cette succession d'événements qui venaient de s'abattre sur eux tous présageaient l'imminence d'une grave volonté de Dieu. « Quand la main du Seigneur sème les cataclysmes, cela signifie que les hommes ont trop péché et qu'il leur faut commencer à expier », tonnait parfois dans son sermon M. Thomas pour tenter d'expliquer certaines rigueurs de la justice divine.

Tout en regardant l'apparition du soleil, Adèle pressentit qu'une longue période expiatoire allait débuter. L'unique question que la jeune femme se posa alors fut de savoir de quelles fautes elle s'était rendue coupable, mais elle ne trouva pas de réponse. En se retournant, son regard se posa sur les quatre linceuls alignés sur les dalles et Adèle se demanda encore quelles mauvaises actions ils avaient pu commettre pour mériter une fin aussi atroce, et si parfois la sévérité du Tout-Puissant n'était pas excessive.

Des pas qui s'approchaient la tirèrent de sa méditation. Puis la porte de la sacristie s'ouvrit et Pierre-Marie apparut, suivi de quelques hommes. Au bruit qu'il fit, les dormeuses sursautèrent et écarquillèrent les yeux avec des expressions confuses. Mais le maire leur dit seulement :

— Allez vous reposer. On va creuser une fosse et enterrer les noyés.

Adèle avait à peine vu Basile en rentrant de l'église. Il s'était préparé son panier de vivres pour la journée et s'apprêtait à partir pour le port où les matelots devaient être en train d'embarquer les viviers, ces caisses contenant les crustacés destinés à la vente.

— Je m'en vais, lui avait-il dit en se trouvant nez à nez avec elle sur le pas de leur porte. Tu veux quelque chose du continent ?

— Je n'ai besoin de rien.

— Le vent va rester ouest et on l'aura en plein dans la gueule au retour. Je ne reviendrai pas avant le milieu de la nuit.

De sa démarche lente Basile s'était éloigné. Il n'y avait pas eu de baiser ni d'accolade. Dans l'île, les effusions entre hommes et femmes n'étaient guère de mise.

11

Par vent arrière et bonne brise, le *Deo Gratias* avait taillé sa route. Comme sur tous les bateaux, quand la navigation était sereine, l'équipage s'abandonnait à la béatitude. Qu'y avait-il au monde, au fond, de plus apaisant et exaltant, de plus sublime et rassurant que ce compagnonnage confiant des hommes avec leur bateau ? Le *Deo Gratias* répondait docilement à la barre, se levait souplement à la lame dans la cascade des sons changeants que faisait la mer caressant la coque. Il y avait des moments de paix et d'harmonie si intenses qu'ils faisaient oublier les peines subies et celles à subir, qui persuadaient Basile et ses matelots de l'infinie beauté de la vie et rendaient tolérables les navrants comportements humains. Sur la longue houle qui se dessinait joliment dans la lumière chaude du soleil, l'isolement, si souvent angoissant quand les tempêtes décomposaient les paysages, était ressenti, en cette matinée, comme un privilège. Seul le corps d'une femme très aimée pouvait, à la rigueur, provoquer ce sentiment voluptueux de séparation d'avec la réalité. Le bonheur ressenti par les hommes du *Deo Gratias* leur imposait le silence.

Soudain, se profilant dans la brume, le contour bleuté du continent apparut. Basile sortit de la poche intérieure de sa vareuse la grosse montre de gousset héritée de son père : elle indiquait 9 heures. Il restait encore quatre-vingt-dix minutes avant d'arriver. Le patron du *Deo Gratias* donna de la barre, modifiant le cap de quelques degrés, pour orienter l'étrave vers une faille de la côte, indiquant l'entrée de la rivière. Antoine, qui se tenait avec les autres assis sur l'écoutille du gaillard d'avant, se passa la langue sur les lèvres. L'expression gourmande amusa Basile. Il n'y avait pas de voyage sans que le gros matelot, à l'approche de la terre, ne se mît à saliver. D'avance, il dégustait le repas qu'il prendrait après la vente, dans le bistrot tenu par un vague cousin que tout le monde revendiquait âprement. A bien y réfléchir, il était vraisemblablement le cousin de tous, car le nombre de familles était si peu élevé dans l'île, qu'à force de se marier les uns avec les autres, de curieux liens de parenté s'étaient tissés où la tante pouvait être la fille de la sœur, elle-même cousine du grand-père. Cela aboutissait à des arbres généalogiques extrêmement touffus et emmêlés. Au bout de tous ces méandres dans la consanguinité, surgissaient des progénitures bancales. Quand le petit monstre naissait, même s'il ne survivait que peu de jours, sa brève apparition stupéfiait et l'on se demandait : « D'où il sort celui-là ? », sans que jamais aucun ne répondît : « De nous tous. » Tout cela pour dire que le patron du bistrot était un cousin « communautaire ». Et Antoine, après avoir attendu impatiemment la fin de la vente, irait s'empiffrer de saucissons à l'ail, d'andouillettes, de pâtés de volaille, de gigot aux haricots, de fruits, toutes ces victuailles succulentes que l'on ne voyait jamais dans l'île. La nouba.

Une seule fois, ils furent déçus. Le cousin avait eu une initiative malheureuse. Pour les gâter et leur permettre de découvrir des choses raffinées, il leur avait préparé des poissons de rivière, des truites aux amandes et des petits goujons au vin blanc. Ce fut une profonde déception. Antoine, après avoir suçoté sa truite avec méfiance, la recracha dans son assiette et demanda, dégoûté :

— Mais qu'est-ce que c'est que ça ?

— Du poisson d'eau douce, Antoine.

— Infect. Un poisson qui ne vit pas dans la mer est un renégat !

Le cousin, émigré à la suite d'un mariage contracté durant son service militaire avec une étrangère, ne se hasarda plus à innover.

Le *Deo Gratias,* après avoir dépassé les balises qui indiquaient l'entrée du chenal, venait de déborder la pointe de la petite baie et se dirigeait vers un long ponton de bois où le *Berceau des Martyrs* et le *Benedictus* étaient déjà amarrés.

De bonne humeur, Antoine, Mathias et Numa faisaient la chaîne pour débarquer les viviers que Louis, le beau-frère, empilait sur les brouettes alignées le long du bord. Il fallait parcourir près d'un kilomètre sur un petit sentier caillouteux qui longeait la rivière, avant de parvenir au marché où se trouvait le bureau du mareyeur. Habituellement, une interminable procession de pêcheurs s'étirait à perte de vue dans le grincement assourdissant des brouettes. Etrangement, ce matin-là, seuls les équipages des deux bateaux qui les avaient précédés poussaient leurs cargaisons. Basile ordonna à sa petite troupe : « En route ! »

Mais, à cet instant précis, il eut la certitude qu'il allait au-devant de cette fatalité qu'il sentait couver dans le ciel depuis la mort de M. Thomas. Ce qui l'attendait au bout du chemin, il l'ignorait. Tout ce qu'il savait, c'était que, bientôt, après avoir grimpé le raidillon qui amenait à la route pavée, quand ils seraient en ville, il apprendrait enfin ce que le Destin leur réservait. Alors, l'angoisse s'empara de lui et son cœur se mit à battre avec force dans sa poitrine. Une sorte de peur l'étreignit, car il ignorait quel visage aurait l'adversité.

A mesure qu'ils approchaient de la route et que les toits hauts des maisons se démasquaient au-dessus de la berge, Antoine, qui était en tête, ralentit graduellement son allure et commença à regarder en tous sens avec une mimique alarmée. Lui aussi venait de percevoir cette atmosphère insolite qui régnait autour d'eux. Il semblait humer l'air, tel un animal qui flaire un danger invisible. Lorsqu'ils débouchaient sur la grande route, les échos bruyants du marché leur parvenaient et leur faisaient presser le pas. Mais, ce jour-là, un silence oppressant les entourait. Autre détail de mauvais augure, les rares passants qu'ils croisaient, au lieu de les saluer comme à l'accoutumée, portaient ailleurs leurs regards, leur tournaient le dos ou entraient précipitamment chez eux. Cette hostilité des gens finit par ébranler définitivement la placidité d'Antoine qui posa sa brouette et se retourna.

— Qu'est-ce qui se passe ici ? demanda-t-il à Basile.

— Avance, on verra bien !

De mauvaise grâce, la petite colonne reprit sa marche. Devant elle, à moins de cent mètres, la gigantesque stature de Stanislas émergeait au-dessus des autres. Basile eût aimé se trouver près d'eux pour former un bloc quand le malheur, dont l'imminence ne faisait plus de doute, allait s'abattre.

Les hommes du *Berceau des Martyrs* et du *Benedictus* venaient de pénétrer sur la grande place où se dressaient les hautes parois métalliques des Halles. Alors, une clameur s'éleva.

Devant Stanislas, Clovis et Marc, leur matelot devant Ange, Adrien et Patrice, leur mousse, une foule venait brusquement de se dresser qui grossissait à vue d'œil. Bien qu'éloignés encore, Basile et les siens purent distinguer nettement les injures et les menaces que tous ces gens inconnus proféraient à leur intention sur un rythme qui s'accélérait. Des fenêtres des maisons qui bordaient la rivière des têtes apparurent, des têtes de femmes et d'hommes, grimaçantes et vociférantes au-dessus des matelots du *Deo Gratias*. Le tumulte qui venait de se déclencher, avec cette soudaineté caractéristique aux foules levées par la colère, avait abasourdi Basile et son équipage.

Les événements se précipitèrent avant même qu'ils eussent le temps de comprendre de quoi on les accusait. La foule se mit en branle. Poings levés, dont certains brandissant des gourdins, leurs adversaires se ruèrent sur eux. L'échauffourée fut d'une violence extrême. Basile et ses hommes furent cernés à leur tour par une meute qui ne cessait de recevoir des renforts. Durant les premières minutes, les agressés tentèrent de se défendre, parvinrent même, un bref moment, à endiguer les assauts et à faire reculer les assaillants. Mais il en venait de toutes parts et les pêcheurs commencèrent à céder du terrain. Tout cela sentait la curée. Basile, pas plus que les autres, n'avait jamais vu autant de visages hideux, défigurés par la fureur. Les coups tombaient de partout et, dans cette mêlée confuse, il n'était plus question de s'entraider, chacun ayant fort à faire pour défendre sa peau. Pourtant, il y eut un instant durant lequel la débandade des marins connut une rémission. Ce fut quand ils virent, malgré le grouillement des gens qui les pressaient, des petits groupes s'acharner à éventrer les viviers, répandre les crustacés sur les pavés et mener une sarabande effrénée pour les piétiner et les fracasser à coups de talons. Ces scènes avaient ravivé les forces déclinantes de Basile qui avait tenté de se frayer un passage à travers cette lave humaine.

Mais, comme les autres, il avait déjà pris bien des coups, sur son visage tuméfié le sang coulait, il sentait sa vigueur décroître et sa raison s'embrumer. Basile s'acharnait toujours à se défendre mais il chancelait, et il savait bien qu'il n'en avait plus pour longtemps à tenir debout. Pendant un bon moment, il avait pu distinguer la masse de Stanislas se démener avec une fureur folle et cette brève vision l'avait incité à ne pas renoncer. Mais Stanislas fut terrassé, avalé par cette foule déchaînée. Basile, lui aussi, n'allait pas tarder à succomber. Déjà son regard ne distinguait plus clairement autour de lui. Confusément il entr'aperçut Numa qui détalait, terrifié, les vêtements arrachés. Alors, le patron du *Deo Gratias* mit un genou à terre, insensible aux cris qui l'entouraient et à la grêle de coups qui s'abattaient sur lui.

12

Sans que Basile sût pourquoi, l'étreinte de la foule se relâcha. Dans une semi-inconscience, il entendit encore quelques injures, reçut encore quelques gnons, mais moins appuyés, donnés comme sans conviction, puis il y eut un long martèlement de pas qui s'éloignaient. Avec la même promptitude qu'ils avaient surgi, les assaillants disparurent.

Alors, un spectacle qu'il n'oublia jamais de sa vie apparut à Basile. Et il retrouva le goût salé des larmes. Devant lui, ses amis et ceux des autres bateaux gisaient sur la route parmi les décombres des viviers et la charpie des crustacés éventrés, éclatés. Dans le silence de la rue — ce silence lourd et opprimant qui succède aux mauvais coups, ce silence lugubre que l'on trouve sur les champs de bataille quand les armées se retirent — on n'entendait que des gémissements : des vaincus remuaient faiblement, d'autres demeuraient immobiles. Seul Adrien, à une cinquantaine de pas de lui, se tenait, comme Basile, agenouillé sur les pavés, le visage et les vêtements maculés de sang. Les deux hommes échangèrent un regard désespéré. Adrien, dont une paupière était fermée, se mit à pleurer. Il regardait de son œil valide toute cette pêche piétinée et saccagée, qui représentait tant de semaines de travail et de peines, et d'une voix étranglée qui trahissait toute sa détresse, il ne put que dire :

— Pourquoi ?

Péniblement, Basile se remit debout. Tout son corps n'était que plaies et bosses mais, grâce à Dieu, il n'avait rien de cassé. Des yeux il chercha le sabot qui avait giclé de son pied et qu'il trouva à quelques mètres, sur le trottoir. Et puis, bien qu'encore commotionné par la brutalité des faits qui venaient de se produire, il entreprit de ranimer ses amis. Numa, qui s'était tapi dans l'encoignure d'une porte cochère voisine, réapparut et s'approcha piteusement de lui. Le mousse avait eu très peur. Ses lèvres étaient saisies de tremblements incontrôlables. Sous le hâle on devinait la pâleur, et de grosses larmes d'enfant glissaient sur ses joues. Comme Adrien, il ne sut que demander :

— Pourquoi ?

Basile ne lui répondit pas. Il eut un geste qu'il n'avait jamais fait depuis qu'il connaissait Numa : il lui caressa la tête, ébouriffant davantage encore ses cheveux paille emmêlés et poisseux. Bientôt, ils auraient l'explication de cette embuscade dans laquelle ils venaient de tomber. A mesure qu'il voyait ses amis et les autres se redresser, à mesure qu'il retrouvait sa lucidité, Basile se sentait envahi par un sentiment ignoré jusque-là. C'était comme un flux puissant qui se déversait dans sa poitrine. Basile venait d'apprendre la haine.

Raconter comment le patron du *Deo Gratias* secourut Antoine et Mathias en piteux état, comment il les traîna jusqu'à la rivière pour les ranimer et laver leurs blessures, raconter comment Adrien de son côté et Clovis du sien aidèrent les éclopés de leur bateau serait fastidieux. Les volets des maisons s'étaient fermés. La rue et la place du marché étaient désertes. A la petite brise du matin avait succédé le calme plat. N'eussent été les oiseaux qui piaillaient dans les arbres, on aurait pu croire la ville abandonnée. Ce fut donc dans cette solitude que les gens de l'île s'aidèrent, et se soignèrent. Stanislas, qui avait repris connaissance, s'était remis debout. Il roulait des yeux fous sur les carcasses brisées de leurs pêches, en poussant des hurlements de loup enragé. Stanislas était terrible à voir. Du sang coagulé avait rougi ses cheveux noirs : c'était à coups de gourdin que les ennemis étaient venus à bout de la force du colosse. Et puis Stanislas aussi se tut, terrassé par l'ampleur du désastre. Le premier, il formula de sa voix forte, mais qui brusquement manqua d'assurance :

— Qu'est-ce qu'on va devenir ?

Stanislas pensait déjà à la *maudite.* C'était ainsi que dans l'île on appelait la misère.

Maintenant, ils étaient debout. A l'exception des deux mousses, qui avaient réussi à s'esquiver durant l'empoignade, tous portaient les traces de la formidable raclée.

— Allons chez le cousin ! décida Basile.

Certains en clopinant, d'autres en se tenant exagérément droits pour crâner, avec Numa et Patrice qui fermaient la marche, ils se mirent en route. Stanislas, qui ne décolérait pas, donnait de grands coups de botte aux carapaces qui jalonnaient leur parcours jusqu'à la place. Ils la traversèrent avec lenteur, le regard provocant, mais les rares personnes qu'ils aperçurent rasèrent les murs pour s'engouffrer chez elles. Ils traversèrent également la grande bâtisse où avaient lieu les ventes, mais là ils ne virent personne et, détail troublant, à la netteté des comptoirs et des allées, ils comprirent que tout commerce était interrompu depuis plusieurs jours. Des poissons, il ne subsistait que l'odeur.

Ils marchaient de front, Basile, Stanislas et Ange un peu en avant. Et ceux qui les voyaient passer, tapis dans les cafés ou leurs boutiques, comprenaient que ce n'était pas le moment de se frotter à eux. Parce qu'ils étaient robustes et habitués au mal, ils avaient déjà retrouvé leur énergie et ne demandaient qu'à en découdre, à prendre leur revanche. Des yeux, ils fouillaient l'intérieur des bistrots, espérant retrouver leurs agresseurs. Ce n'étaient plus des hommes raisonnables. Ils n'étaient qu'exaltation et fureur, et ce fut une grande chance pour tous qu'ils ne rencontrassent pas ceux qu'ils cherchaient, car ils se trouvaient dans cet état d'esprit qui incite les hommes à tuer. Le Ciel, fort heureusement, leur épargna la honte du meurtre et le supplice de la justice des hommes. Ils passèrent devant une église et quelques fidèles, en apercevant cette troupe hargneuse, refluèrent à l'intérieur. « Si l'on te frappe tends l'autre joue », prêchaient les saintes paroles de l'Evangile. En cette heure de désespoir, Basile était incapable de pardon, il aurait volontiers arraché les yeux de ses ennemis. Mais les rues se vidaient à leur approche. Aussi, arrivèrent-ils sans nouvel affrontement chez le cousin.

La devanture était étroite, d'un joli bleu pâle délavé. Le nom écrit sur le fronton, en lettres rouges, indiquait : *Bar du Sans Patrie.*

Quand on poussait la porte, une clochette crachait un son strident qui résonnait longtemps. L'instrument était nécessaire car la salle aux murs marron et au plafond vert pomme, étroite comme un corridor, était longue d'une trentaine de pas. Elle se terminait sur une seconde porte, plus étroite encore, qui ouvrait sur un cagibi sans fenêtre. Le cousin et sa femme vivaient là dans un remugle stagnant de moisi, de vieille sueur, de poisson fumé, de beurre rance et d'eau de javel. Chaque fois que Basile y mettait les pieds, l'odeur nauséabonde lui faisait froncer les narines.

Le cousin se prénommait Claude. Il était petit, rondouillard, toujours mal rasé. Tout ce qui lui restait de son appartenance à la mer, depuis qu'il s'était exilé, était une casquette à visière qui le faisait ressembler à un amiral de café-concert. Elle, c'était Elvire, une grande osseuse à la poitrine plate, peut-être jolie, peut-être moche, selon les goûts. Elle se tenait dans un réduit derrière le comptoir, collée à ses fourneaux, attentive à ses casseroles, l'oreille toujours en éveil. On ne savait rien d'elle à part qu'elle venait du nord.

— Quel nord ? avait questionné Antoine une fois.

— Le nord. Il n'y en a qu'un, crétin ! avait répondu Claude.

Il se tenait derrière le zinc quand Basile poussa la porte. En voyant leurs têtes cabossées, le cousin sursauta. Un long moment, il demeura la bouche ouverte, incapable d'articuler un son, submergé par l'émotion et la compassion. Pendant ce temps, les autres entraient l'un après l'autre et s'accoudaient au comptoir. Enfin Claude parvint à bredouiller :

— Il ne fallait pas... Il ne fallait pas...

Basile qui bouillait de colère rentrée perdit patience en entendant les jérémiades du cousin. Il abattit son poing sur le zinc.

— Il ne fallait pas quoi ?

— Venir.

— Et pourquoi donc ? intervint Stanislas.

Le regard de Claude s'arrondit de stupeur. Il se gratta l'oreille comme s'il avait mal entendu. Il les fixait l'un après l'autre avec incrédulité, le buste penché en avant, décontenancé par leur ignorance.

— Ah ça ! finit-il par dire, mais on est vraiment au courant de rien dans votre île ? Ce n'est pas Dieu pensable que vous ne sachiez pas...

— Claude, l'interrompit Basile d'une voix qu'il voulait calme, donne un coup à boire. Et puis, raconte.

— C'est ça, commençons par boire, approuva Adrien en tâtant doucement l'énorme oignon qui avait grossi à la place de son œil.

Le cousin rafla prestement les verres sur une étagère et les posa devant chaque homme. Puis il sortit de dessous le zinc une bouteille de vin et servit d'une main ferme, qui ne gaspillait pas une goutte, ses nombreux parents sans oublier son propre verre. Dans la chaleur étouffante du café, ils burent d'un trait puis commandèrent une nouvelle tournée.

— Alors ? questionna Basile.

— Un grand malheur est arrivé, dit le cousin d'une voix lugubre.

Sur les livres de la paroisse, la coïncidence ne fut pas remarquée, et pour cause, puisque personne ne sut rien. Mais les faits étaient là qui témoignaient pour les érudits de l'époque de l'extraordinaire concordance des malheurs dans le temps. Le jour de la mort de M. Thomas, ce dimanche de juin 1931, un paquebot, battant pavillon d'une société maritime en expansion, faisait route vers le nord. Il emportait pour la journée cinq cents excursionnistes pour un joyeux pique-nique en mer. Le temps était exceptionnellement chaud et la mer singulièrement plate. « Un vrai tapis », racontèrent ceux qui naviguaient en cet après-midi. Aussi, la raison de la catastrophe qui endeuilla toute la nation demeura-t-elle inexplicable, provoquant une émotion très grande.

Tout ce que l'on sut par une station radio de la côte tenait en quelques points-traits de morse qui — déchiffrés — annonçaient dans leur sécheresse dramatique : « S.O.S. ici paquebot *Saint-Frédéric.* S.O.S. nous coulons. » Ce fut tout. Le bateau s'engloutit sans doute en quelques minutes car l'on ne retrouva que les débris typiques des grands naufrages : bouées de sauvetage, chaloupes retournées, bancs, caisses, un chat sur une planche et quelques corps flottants le dos tourné vers le ciel. Il n'y eut pas un survivant.

— Quel malheur ! dit Stanislas.

— Les pauvres gens, murmura Basile.

— Bien sûr, c'est triste, admit Antoine, mais qu'est-ce que ça a à voir avec la bagarre ?

Le cousin remplit une troisième fois les verres. Les yeux baissés, comme s'il éprouvait une horrible gêne à poursuivre l'énumération de la catastrophe, il dit après avoir repris son souffle :

— Peu de jours après le naufrage, alors que tout le monde était encore sous le coup de l'émotion, un journaliste a écrit dans son journal qu'on avait retrouvé dans le ventre d'un homard une bague, qui aurait appartenu à une noyée.

— Foutaises ! explosa Stanislas en levant ses gros bras, un homard avec sa gueule qui bouffe de travers n'aurait jamais pu avaler une bague.

— Je le sais bien, dit le cousin, mais les gens sont bêtes : puisque c'était dans le journal, c'est que c'était vrai ! D'autant plus que d'autres journaux ont repris l'histoire à leur compte. Dans certains on pouvait lire qu'une boucle d'oreille avait été trouvée dans la coque d'un crabe ; d'autres ont raconté que des perles de colliers se tenaient dans les tripes d'une araignée...

— C'étaient plus des crustacés, c'étaient des coffres-forts ! ironisa Mathias.

Les deux mousses ne purent retenir un petit rire, mais le cousin les foudroya du regard et poursuivit d'un ton sévère :

— Plaisantez donc ! Vous ne pouvez imaginer l'effet que tout ça a fait sur les gens. Plus un mensonge est gros et plus il est gobé par le public. Et les balivernes ont la peau dure. Les abrutis disaient : « Quoi ! On va pas manger ces sales bêtes qui ont dévoré des humains, peut-être nos parents ? » Au marché, des femmes criaient aux poissonniers « assassins ». Dans un restaurant, on m'a raconté que des consommateurs ont pris à partie un type qui boulottait du crabe en le traitant de « cannibale ». La folie s'est saisie de la population Au début, j'ai essayé d'expliquer que tout ça c'était de la blague, comme d'accuser une pie d'avoir avalé un fer à repasser. On m'a aussitôt soupçonné d'être le complice des pêcheurs, on m'a cogné sur la gueule. Depuis je la ferme. Tenez, deux jours après que les journaux ont annoncé tous ces trésors cachés dans les ventres des bêtes, quand les bateaux ont accosté, il y avait foule à les attendre pour leur balancer des pierres. Les gendarmes ont dû venir pour empêcher le lynchage. Consolez-vous, d'autres que vous ont eu la même rossée tandis qu'au marché les comptoirs des poissonniers ont été mis à sac. Maintenant, le poisson est considéré pire que la peste... Je ne sais pas combien de temps cette disgrâce va continuer. Mais, comme vous avez pu le voir à votre arrivée, mon café est vide. Les pêcheurs ne sortent plus en mer, à quoi bon ? Ils ne sortent même plus de chez eux. Ils n'ont plus de sous. Avant, ils n'étaient pas riches, mais maintenant c'est la grande misère.

— Ça va être pareil pour nous ! dit Ange qui n'avait soufflé mot jusque-là.

Le patron du *Benedictus* était, de tous, le plus âgé. Mais, malgré l'approche de la soixantaine, il n'avait rien perdu de son endurance. Tout paraissait incroyablement miniaturisé chez lui. Sa taille très modeste et son crâne qu'il avait petit, surmonté de cheveux noirs et raides. Son visage étiré, aux traits plutôt fins, aux yeux marron toujours en mouvement, révélait le caractère dans le menton pointu et volontaire. Son ossature, également, ne possédait pas cette épaisseur qu'ont ceux dont les biceps travaillent comme des palans. A le voir, flottant dans ses vêtements trop amples, il eût pu paraître chétif. Mais Ange trompait son monde : le cou était fort, la masse compacte des épaules et des pectoraux était dure. Et il ne désarmait jamais. Il puisait dans son orgueil des énergies insoupçonnables qui lui permettaient, même lorsqu'il était à bout, de ne pas baisser les bras.

On aimait bien Ange dans l'île. Il ne se mêlait jamais des affaires des autres et, au café, il s'installait seul à une table à regarder et écouter, l'œil rigolard. Mais là, appuyé contre le comptoir, il avait perdu toute gaieté. La pauvreté, cette maladie endémique aux pêcheurs, il l'avait déjà connue à la fin de la

Première Guerre mondiale. La faute, alors, on l'imputa aux mines et aux torpilles dont les Allemands avaient infesté les mers avec la complicité sournoise des Britanniques qui, en la matière, ne valaient guère mieux que les Teutons. Mais le résultat avait été là : chassés par les escadres dont les salves déclenchaient de grands tapages, les poissons n'étaient pas revenus même quand la paix fut de retour. Pas de poissons, pas de pêche, pas de vente égalent zéro argent. Et la disette s'empara de l'île. Ange qui rentrait vivant de la guerre dut repartir sur un cargo qui tournait autour du monde, pour ne pas mourir de faim. Trois fois il doubla le cap Horn avec toutes les tribulations que ce coin malveillant faisait supporter aux marins. Et puis, lors d'un congé, Ange avait appris que les poissons ne boudaient plus les parages de l'île et il était resté. Depuis, il avait usé bien des semelles de bottes sur le pont du *Benedictus,* avec Adrien, parfois plein, parfois à jeun, pour lui donner un coup de main. Etait-ce l'âge ou l'expérience vécue ? Les deux ensemble, peut-être. En tout cas, bien plus que les autres, Ange réalisait que les graves incidents qui venaient de se produire auraient des conséquences qui pèseraient longuement sur leur vie. Ce fut plus fort que lui, les mots lui échappèrent, il murmura :

— Il faudra s'en aller encore...

— Qu'est-ce que tu bafouilles ? demanda Adrien en pivotant vers lui.

— Rien, mon garçon, dit Ange, je radotais.

Ils n'avaient que quelques sous en poche en arrivant : la vente devait les remplumer. Après la bataille, ils ne possédaient plus rien : des poches vides ou à demi arrachées dans la frottée. Même leurs couteaux de travail s'étaient égarés sur les pavés. Le cousin, par esprit de famille, les invita.

— Elvire n'est pas là. Elle est allée aider une amie malade. On mastiquera ce qu'il y a, à la fortune du pot.

Pesamment, ils s'étaient laissés tomber sur les chaises qui entouraient les tables aux plateaux d'ardoise pendant que le cousin s'activait à mettre les couverts. A mesure que l'excitation de la matinée les abandonnait, ils prenaient conscience des tribulations dont ils auraient à pâtir avec leurs familles. Mais c'était des êtres qui avaient le cœur tanné par les épreuves. Leur existence était à l'image des murets de l'île, chaque année rebâtis, chaque hiver démolis par le vent. Le cousin avait déposé sur les trois tables qu'ils occupaient du saucisson, des rillettes, un peu de jambon fumé, quelques œufs durs, des tranches épaisses de pain et des carafons de vin blanc.

— Mangez à en crever, profitez-en, aujourd'hui, c'est gratis !

Aucun d'eux ne se fit prier. La prodigalité du cousin cachait un sous-entendu : ce n'était pas demain qu'ils s'empiffreraient de nouveau. Aussi avec avidité firent-ils main basse sur les victuailles. Vint le moment où, enfin repus, ils ne purent plus avaler une miette. La peau du ventre bien tendue, les ceintures desserrées, ils se tenaient, jambes allongées et bras croisés. La torpeur qui succède aux festins les envahissait progressivement. Ils étaient bien. Adrien auscultait la bosse qui l'avait fait borgne ; Ange se caressait la mâchoire endolorie et procédait à l'inventaire de ses dents ; Stanislas se tâtait les côtes pilonnées par les coups de pied ; Antoine caressait son genou enflé. Les verres de vin blanc n'étaient pas vidés et ils buvaient à petites gorgées paisibles. Ce fut Basile qui, l'air pensif, dit dans un soupir, tout à trac :

— Le Ciel veuille que ça ne dure pas longtemps.

— Le Ciel se fout de nous, gronda Stanislas, autant s'adresser à l'Enfer !

L'après-midi venait seulement de débuter quand ils reprirent la route vers leurs bateaux. Généreusement, le cousin avait vidé son garde-manger, aussi chacun emportait-il sous le bras son butin de provisions. En chemin, ils croisèrent des petits groupes qui les guettaient avec des airs goguenards. Parmi eux il y avait, sans doute, des agresseurs du matin, mais ils ne leur accordèrent pas un regard. La colère tombée, seul l'avenir les préoccupait. En traînant leurs sabots et leurs bottes, ils se faufilèrent dans la foule de la ville qui ne prêta pas attention à cette petite cohorte dont les visages portaient les stigmates de la violence. Quand ils parvinrent sur le lieu des combats, la rue avait retrouvé son animation habituelle avec ses gens, ses chariots, ses rares voitures et camions, ses enfants braillards et ses vieillards parqués au soleil. Leurs brouettes épargnées par l'assaut avaient été alignées sur le côté qui surplombait la berge. Ils les prirent en passant.

Un groupe de jeunes gens stationnait sur le ponton, près des bateaux, et contemplait le retour des vaincus avec une ironie évidente. C'étaient des garçons bien mis, qui devaient travailler en cravate, s'abriter sous des parapluies les jours d'orage, être de fameux danseurs dans les bals. L'un d'eux, qui devait être le chef de la bande, en fronçant les narines afin de montrer théâtralement son dégoût, dit pour faire le malin auprès de ses copains :

— Vous ne trouvez pas que ça pue le poisson ?

La rage qui somnolait chez Basile se réveilla d'un bloc. Sans un mot, il marcha vers le bavard qui le toisait. Parvenu contre lui, il l'empoigna et le souleva de terre comme on ramasse une poubelle. Calmement, tandis que l'autre gigotait des membres dans le vide, Basile se dirigea vers le bord du ponton et le flanqua dans la rivière. Il y eut un remous. L'eau brassée se colora de vase, puis la tête du baigneur reparut à la surface. Ses bras battaient les vaguelettes et il criait entre deux gorgées de bouillon :

— A l'aide, je ne sais pas nager...

— Le moment est venu d'apprendre, mon gars ! lui lança Basile.

Tandis que les jeunes gens se déployaient pour récupérer le naufragé qui barbotait, en proie à une puissante frousse, sur chaque bateau on s'affairait pour hisser les voiles.

En cette journée de grandes désillusions, il y eut quand même une consolation : le vent, de l'ouest, était remonté au nord. La navigation se ferait sans tirer de bords. On largua les amarres à l'avant pour faire éviter les étraves, puis celles de l'arrière. Alors, dans le grincement plaisant des poulies, les écoutes choquées et réglées, la petite escadre reprit la route du large.

Celle qui conduisait à l'île et amenait à la désolation.

13

Le temps avait passé et l'hiver était revenu. Comme bien souvent, le sort s'acharnait sur les hommes quand les difficultés s'accumulaient. L'histoire de l'humanité témoigne que les épidémies s'ajoutent aux guerres, et que les inondations succèdent aux sécheresses.

Dès l'arrivée de la mauvaise saison, chacun comprit dans l'île que ce nouvel hiver serait particulièrement rigoureux. La gelée recouvrait tout, blanchissant les champs, durcissant la terre. Et le vent du nord soufflait avec fureur.

Un nouveau recteur s'était installé au presbytère. Le jour de son arrivée, une fin d'après-midi de la mi-septembre, Pierre-Marie et le conseil municipal au complet l'avaient accueilli. La mer était secouée par un fort ressac et le courrier, ses voiles ferlées, roulait bord sur bord le long du quai. La marée étant basse, le prêtre dut attendre qu'un coup de roulis l'eut rapproché de l'échelle pour débarquer. En haut, on le regardait faire. Personne ne pouvait l'aider, c'était chacun pour soi et à la grâce de Dieu. Des oiseaux criards tournoyaient en quête de nourriture. Le prêtre, après avoir raté une première tentative, agrippa enfin un barreau et se tira sur l'échelle. D'en haut, on l'observait et l'on convint que, si le serviteur du Seigneur n'avait pas le pied marin, il paraissait costaud comme un bûcheron. C'était là un bon point pour le curé. Parvenu sur le quai, il épousseta sa soutane qui avait souffert du voyage et du débarquement. Les cheveux très noirs, taillés en brosse, frémissaient au vent. Ses yeux étaient d'un vert clair, pénétrant, son nez droit et fin, son menton solide fendu par une fossette. Pierre-Marie, qui le détaillait avec soin, arrêta son inspection sur les arcades sourcilières boursouflées et tombantes qui l'intriguaient. Le curé dut lire dans ses pensées, car d'une voix nette mais en même temps cordiale, il dit :

— J'ai eu ça du temps où j'apprenais la boxe française.

D'en bas, les matelots du courrier avaient hélé le prêtre pour qu'il se tînt prêt à recevoir ses bagages. Le bateau remuant beaucoup, le transbordement requérait de la coordination entre ceux qui hissaient et celui qui recevait. Il fallait profiter des brefs moments où la lisse se rapprochait du quai. Le plus dur fut le déchargement de la grosse malle de cuir et de la volumineuse valise entourée de sangles qui contenaient les affaires personnelles du nouveau porte-parole du Ciel. De ces opérations qui exigeaient vitesse et biceps le curé se tira avec aisance. Enfin ce fut au tour de cinq poules et d'un coq d'atterrir garrottés sur le quai, ce qui déclencha une certaine stupeur, car jamais on n'avait vu de recteur débarquer avec sa basse-cour. Et ce fut tout. Depuis longtemps le courrier ne transportait plus de marchandises à destination de l'île. Puisque la pêche était stoppée, que les pêcheurs étaient en pleine banqueroute, le ravitaillement avait inexorablement diminué jusqu'au jour où il fut totalement interrompu.

La première fois que le bateau accosta avec ses cales vides — et cela parce que le règlement maritime qui assurait la ligne lui faisait obligation de garantir l'escale — ce jour-là, la population ressentit l'événement comme une nouvelle épreuve humiliante, comme une iniquité supplémentaire. Mais, surtout, ces cargaisons qui venaient presque chaque semaine étaient l'unique lien qui rattachait les îliens à ce continent inconnu. Maintenant, les incursions symboliques du courrier avaient ancré dans l'île un sentiment d'abandon, comparable à la détresse des naufragés.

Ses bagages sur le quai, le recteur s'était avancé vers Pierre-Marie, la main tendue.

— Je suis l'abbé Joseph Dolivier. Le Christ m'envoie partager vos peines.

— Mon nom est Pierre-Marie. Je suis le maire. Heureux de vous recevoir. Nous estimions beaucoup votre prédécesseur.

— Je m'efforcerai d'être digne de lui.

— Nous verrons ça à l'usage, monsieur le recteur, dit Pierre-Marie qui ne s'embarrassait pas de formules de politesse.

Plutôt intimidée, une femme contourna à petits pas le groupe formé par le conseil municipal et se planta devant le recteur. Assez maigre, la peau de son visage avait cet aspect lisse et son regard gris cette brillance un peu enfiévrée des vieilles jeunes filles de quarante ans sonnés. Bernadette aurait pu être jolie, n'eût été cette déchirure que faisait sa bouche large aux lèvres presque inexistantes. Elle avait été la bonne de M. Thomas. Elle s'apprêtait à devenir celle de M. Dolivier. Prévoyante, elle avait descendu du presbytère la brouette du clergé. Durant la longue vacance du pouvoir spirituel, Bernadette avait entretenu la bâtisse qui brillait de tous ses encaustiques. Dans le jardin, les fleurs étaient mortes mais l'herbe avait été tondue et les mauvaises racines extirpées. Le lit bordé attendait son nouveau curé. Dans la cheminée, un feu de joncs tempérait la pièce qui servait de bureau.

M. Dolivier empila ses bagages sur la brouette, laissant à Bernadette le soin de porter les poules et le coq qui, sans doute à cause du voyage ou du changement d'air, bien que tenus les crêtes en bas, ne bronchaient pas. Le courrier, ses amarres larguées, reprenait la route du continent. Après avoir salué les marins d'un geste de la main, le recteur empoigna sa brouette. La charge était lourde, mais il parut à l'aise.

— Mes frères, dit-il en se mettant en branle, je vous invite à boire au presbytère pour célébrer mon arrivée et faire connaissance.

En remontant le chemin, M. Dolivier qui avait un peu souffert du froid durant la traversée eut vite la sueur au front et le souffle court, mais déclinant l'offre du maire qui lui suggérait une halte, il poursuivit sa marche. Devant lui, posé sur le champ qui avait pris sa teinte automnale d'un vert foncé, avec ses maisons imbriquées les unes dans les autres pour se protéger du vent, le village lui apparut. Adossée au premier pignon, une petite foule surveillait sa lente progression. Avec sa brouette qui lui arrachait les épaules, M. Dolivier gravissait son calvaire.

Parvenu près des gens, le recteur eut un regard de remerciement au Ciel, qui lui fournissait un bon prétexte pour souffler un peu. Il serra les mains des hommes et des femmes, caressa les joues des enfants, bénit ce petit monde. Mais en voyant ces visages, M. Dolivier connut ce chagrin que l'on éprouve quand on se sent impuissant à soulager de grands tourments. Ces créatures qu'il ne connaissait pas encore et dont il allait partager l'existence et les espérances attendaient de lui qu'il fît des miracles qui n'étaient pas en son pouvoir. Pour les aider, il ne disposait de rien, sinon que de sa Foi et de ces paroles de réconfort que l'Eglise psalmodiait depuis son an 1, pour faire patienter ses pénitents. Le recteur se réattela à sa brouette. Il avait deux cents pas à parcourir pour atteindre le presbytère et tous les îliens s'étaient massés sur le trajet, le saluant d'une simple inclinaison de la tête.

Il était 18 heures. Le crépuscule s'annonçait. Sœur Thérèse, que la fatigue avait empêchée d'aller jusqu'au quai, l'attendait devant le portail de bois, se soutenant au bras de sœur Céline. Le recteur les pria d'entrer. Quand, aidé du maire, il eut monté ses bagages dans la chambre à coucher du premier étage, dont les murs brillaient d'humidité, M. Dolivier convia ses invités à prendre place autour de la grande table. Bernadette, qui connaissait tous les recoins de la maison, après avoir distribué les verres s'éclipsa pour aller chercher la bouteille de porto que M. le recteur Thomas avait entamée et dont elle s'était octroyé quelques modestes lampées en cachette pour se soutenir le cœur, selon son expression.

Pendant qu'on attendait le retour de la bonne, M. Dolivier observait ses convives sans trop d'ostentation. On ne pouvait dire, à part les religieuses qui étaient aux anges, que leurs expressions fussent chaleureuses. L'on sentait, chez eux, non pas de la défiance mais une sorte de réticence pudique à se laisser aller aux confidences, à égrener leurs soucis devant ce prêtre qui était encore un étranger et devait faire ses preuves. Lui, tandis que Bernadette emplissait les verres, pensait à ce que lui avait dit quelques semaines auparavant son évêque lorsqu'il l'avait convoqué.

Le vieux prélat, installé dans un fauteuil de son bureau aux murailles épaisses comme celles des forteresses, lui avait fait une description sans fioritures de la tâche qui l'attendait.

— L'île où vous allez est proche de la côte et pourtant elle est infiniment plus éloignée de nous que la Chine. Les âmes qui l'habitent, vous le constaterez, sont sauvages, fières, indépendantes, mais ont, de tout temps, accepté avec résignation leur dénuement. Et savez-vous pourquoi ?

— Non, monseigneur.

— Parce qu'ils sont attachés passionnément à leur terre. Il s'agit là de l'un de ces amours qui dépassent parfois l'entendement. Mais pour ce qui concerne cette population je crois que l'explication est simple : ces pauvres gens aiment leur île avec une sorte d'idolâtrie païenne, car elle est tout ce qu'ils possèdent.

« Ils ne sont pas faciles à comprendre. Souvent il vous faudra puiser du courage dans la prière car ils sont capables de vous infliger de pénibles désillusions. Chez eux, le bon comme le mauvais a une résonance amplifiée et cette exagération des sentiments est due à leur isolement. Mais vous les aimerez autant que le fit l'abbé Thomas. Et vous leur pardonnerez bien plus qu'à d'autres car, plus que d'autres, ils sont à plaindre. Je les ai connus, il y a bien longtemps, quand j'avais trente-six ans, comme vous. Je n'y suis retourné que bien longtemps après, lors d'une cérémonie au cours de laquelle la présence de l'Eglise s'imposait : rien n'avait changé dans l'île. Savez-vous ce qui était frappant chez ces gens ?

— Non, monseigneur.

— Eh bien, ils ne souffraient pas de leur dénuement. Ne connaissant rien ou pas grand-chose de ce qui existait ailleurs, ils ignoraient l'envie et la jalousie. Alors que notre humanité n'aspire qu'à la futilité, alors que nos contemporains ont des besoins d'inutile, pas eux : leur captivité sur leur terre les préservait de la cupidité et de la vanité des choses. Mais aujourd'hui une nouvelle adversité frappe les pêcheurs : la mévente les a ruinés.

« Le désespoir va s'emparer des gens de l'île. Cette fois-ci leur misère va franchir les limites du tolérable. Vous serez parmi eux pour les secourir avec vos prières et partager leur affliction.

Ainsi avait parlé l'évêque. Et brusquement confronté à ces visages graves, M. Dolivier eut peur. Peur de faillir aux ordres de son supérieur ecclésiastique et aux espérances de ses fidèles. Sans doute son visage dut-il démasquer ses craintes et son irrésolution car Pierre-Marie, qui le lorgnait depuis un bon moment, lui sourit pour la première fois.

— Monsieur le recteur, dit-il gentiment, il faudra beaucoup de vaillance, à tous.

L'arrivée du prêtre fut le seul fait agréable qui sortit momentanément l'île de cette attente accablante dans laquelle elle s'était installée. La communauté faisait penser à ces armées harassées, décimées, aux abois, bivouaquant avec résignation avant d'affronter un nouvel assaut, celui auquel elles succomberaient. L'imminence du drame était ressentie d'autant plus cruellement que chacun pouvait prédire, à quelques jours près, quand débuterait le malheur. Et c'était cette interminable veille qui rongeait les esprits. Généralement quand la Fatalité frappait, elle agissait avec soudaineté, et plus le coup était rude, plus il avait une espèce de pouvoir anesthésiant sur le chagrin. La mort qui foudroyait suscitait toujours de l'envie. La façon dont le vieux Denis, qui ne quittait plus sa maison depuis le naufrage du *Stella Maris,* rendit son âme à Dieu, fit des jaloux. Le vieil homme se tenait assis sur le banc extérieur collé à son mur. Pierre-Marie, une fois de plus, tentait de le persuader de se réintégrer à la vie du village, mais Denis hochait négativement la tête.

— Mais pourquoi donc ? avait insisté le maire.

— Parce que...

Ce furent ses derniers mots. Son regard se figea. Sa bouche demeura ouverte. Puis le menton s'affaissa. Denis était parti en emportant son explication avec lui. « Il n'a pas souffert », raconta par la suite Pierre-Marie. Et ce trépas subit sans agonie, exempt de tourments physiques, au lieu de susciter du contentement, fit des envieux.

— Une sacrée chance de mourir d'un bloc ! avait dit Pierre-Marie.

L'approche du fléau qui allait si durement martyriser l'île était lente, pernicieuse, inexorable. L'ampleur de la menace fut réalisée après le retour de Basile et de ceux qui furent du même voyage, quand d'autres bateaux, partis à la vente sur le continent, connurent le même sort. Certes, la violence avait régressé et l'on ne saccageait plus les pêches, mais l'entêtement à ne toujours pas acheter de poisson persistait.

— Puisqu'ils n'en veulent pas, on les mangera, nous ! avait fulminé Stanislas.

Les langoustes et les homards auxquels ils ne goûtaient que rarement, lors des naissances et des mariages, car ils étaient réservés aux mareyeurs, devinrent leur menu quotidien. L'été s'acheva dans ce climat de bombance forcée. Puis, à l'automne, les fortes tempêtes d'équinoxe interdirent toute sortie à la mer.

Dans une longue lettre adressée à son évêque, afin de le mettre au courant de l'évolution de la situation, M. Dolivier écrivait quelques jours avant Noël :

« N'ayant pu, faute d'avoir gagné de l'argent, s'approvisionner selon leur coutume en vue des saisons rigoureuses, les habitants, les uns après les autres, ont vendu leur bétail au continent. C'est le courrier qui s'est chargé de ces transports. En échange, ils ont acheté du blé et des pommes de terre. Avec le maire, nous avons essayé de dissuader la population de ces négoces absurdes. Nous avons essayé de faire rester quelques vaches, car elles produisent du lait et donc du beurre. Mais tous nos arguments n'ont pu faire entendre raison à ces ventres creux. Les œufs aussi commencent à manquer car la grande majorité des poules ont eu le cou tordu. Lors des marées hautes, on peut voir des hommes rôder près des criques. Les plus adroits parviennent, parfois, à harponner un congre. Mais ce sont là des exploits de plus en plus difficiles à réaliser, car le vent et la mer sont, depuis plusieurs semaines, particulièrement violents. Nous subissons un hiver très mauvais. Puisque vous connaissez l'île, sachez que les vagues arrivent dans le port avec une telle furie que l'eau escalade les dunes et les embruns atteignent le champ qui cerne le fort.

« Il n'y a plus de légumes depuis longtemps. Les réserves de froment, de blé noir, de pommes de terre diminuent d'une façon inquiétante. Les habitants, lorsque le temps et la marée le permettent, vont chercher des berniques et des moules à la côte, mais, outre que ces coquillages nourrissent peu, leur abus provoque à la longue de sérieux ennuis intestinaux.

« A ma connaissance, les charniers de porc salé ont été bien entamés et, d'après les estimations du maire, l'île n'a de vivres que pour trois ou quatre semaines au plus. La population est méconnaissable à tout point de vue. Tous ont maigri d'une façon saisissante et cette alimentation insuffisante porte un préjudice sévère à la santé des vieillards et des enfants. Je leur distribue les rares œufs que pondent mes poules — dont on s'était moqué lors de mon arrivée — et que j'ai installées dans le presbytère pour les soustraire à la convoitise.

« Tous les soirs, je réunis les fidèles à l'église où nous prions longuement et supplions la clémence du Tout-Puissant. Mais il me faut reconnaître que la Foi pâtit beaucoup de cet état de fait. Dans la journée, je vais fréquemment dans les familles qui me paraissent les plus atteintes par ce détachement envers notre sainte Mère l'Eglise. Mais, il me faut avouer, avec la plus grande tristesse, que le malheur trop grand qui frappe ces pauvres gens leur fait croire qu'ils sont victimes d'une injustice divine. Le maire, de son côté, qui est un homme robuste, tenace, de bon sens, connaît des déboires avec ses administrés. L'île, ainsi que vous ne l'ignorez pas, est régie par une charte qui soumet chaque famille aux différents travaux d'entretien. Mais la population est devenue réticente, voire désobéissante. Des actes et des propos bien pénibles éclatent à tout moment dans le village. Nous sommes, me semble-t-il, en présence de signes précurseurs de discorde. »

14

La famine commençait à prendre possession de l'île. Et les premiers désordres ne tardèrent pas à éclater.

Une scène, impensable seulement au printemps, avait opposé Pierre-Marie à quelques hommes surexcités, menés par Stanislas, naturellement secondé de Clovis. Un Peau bleu, espèce de petit requin qui pesait tout de même ses six cents livres, s'était piteusement échoué sur la plage proche du port. Ce n'était pas une chose exceptionnelle. Parfois, épuisé par une trop longue randonnée, l'animal était vaincu par le courant et le ressac le balançait à la côte. En cette fin de matinée d'octobre, Stanislas et son frère cadet, Adrien, Antoine, Lucas et son fils Martial vérifiaient les aussières des bateaux amarrés dans le port car le vent forcissait. Ce fut Clovis qui, le premier, aperçut le gros animal à la peau râpeuse, sombre, aux reflets bleutés, tressauter lourdement. Puis les autres le virent. Sans se concerter, ils sautèrent tous sur le quai et, dégainant leurs couteaux, ils coururent vers leur proie. Parce que la mer montait, ils le hissèrent plus haut sur la plage puis, l'ayant cerné, ils entreprirent de le tuer. Avec une fureur mauvaise, ils plantaient et replantaient leurs lames dans les flancs et la gueule de l'animal. Le sable tout autour se colorait de rouge mais, à cause de la hâte et de la maladresse des hommes, l'agonie du poisson fut longue. Enfin, il ne bougea plus. Ses bourreaux se mirent à le dépecer, jetant ses entrailles à l'eau, sur lesquelles une bande de mouettes plongea inlassablement en se chamaillant. Ensuite, on entassa les quartiers de viande sur des brouettes et la petite troupe, encore tout enfiévrée par sa bonne fortune, prit la route du village. Ce n'est pas très bon, le Peau bleu. Sa chair est un peu ferme et grasse mais, cuite sur le feu, le goût en est supportable. Les hommes commentaient à haute voix, avec exubérance, le premier bon repas qu'ils savouraient depuis bien longtemps. Ils étaient arrivés à la hauteur de l'étang où ils avaient décimé les canards sauvages, quand Pierre-Marie déboucha des tamaris en boutonnant sa braguette. Personne ne prêta attention à lui tant ils avaient hâte de déguster leurs parts.

— Hé ! Attendez-moi, cria Pierre-Marie.

Adrien et Martial s'arrêtèrent aussitôt. Les autres hésitèrent, firent quelques pas encore avant de poser leurs brouettes.

— Tu veux quoi ? demanda Stanislas, méfiant.

— Savoir ce que vous comptez faire du Peau bleu ? dit le maire en s'approchant.

— Le bouffer, pardi !

— Bien sûr, ajouta Pierre-Marie posément, mais

pas tout seuls : vous allez en distribuer aux autres.

— Tu veux rire ! gronda Stanislas en cherchant du regard l'approbation de ses complices.

Avec véhémence, chacun y alla de son couplet et il était bien clair qu'aucun d'eux n'était disposé au partage. Le ton monta. Vainement, le maire essaya de raviver la générosité éteinte dans le cœur de ces hommes unis par leur égoïsme. Avec une amertume croissante, il découvrait que ces êtres avec qui il avait grandi, auprès de qui il avait vécu jour après jour, qu'il croyait bien connaître, avaient su dissimuler une bassesse d'âme que la faim faisait ressortir.

— Vous êtes pire que des rats ! s'emporta le maire.

— C'est pas à toi de faire la morale, surtout pas à toi qui n'as jamais donné un bout de pain à ton propre frère ! lança Stanislas, sachant combien ses paroles étaient blessantes.

Pierre-Marie blêmit. Il pensait qu'après tant d'années cette histoire, qu'il considérait comme une affaire de famille ne regardant personne, était oubliée. Lui-même l'avait rejetée dans les limbes de sa mémoire. Cela faisait bien vingt-quatre ou vingt-cinq ans que lui et César, son frère cadet, avaient cessé de s'adresser la parole. Pendant un quart de siècle, ils s'étaient croisés dix fois, vingt fois par jour, dans les rues, les cafés, ou sur les bancs de l'église, sans un mot, sans un salut. Ils n'existaient plus l'un pour l'autre. Quand César avait failli mourir à la suite d'une vilaine pneumonie, et que leur mère le veillait, il ne s'était pas rendu une seule fois à son chevet. Son frère allait crever ? Bon débarras !

César lui avait d'ailleurs rendu la monnaie de sa pièce. Un matin d'hiver, en virant des casiers, Pierre-Marie avait basculé dans la mer glacée du large et saisi par le froid, engoncé dans ses vêtements, il allait couler. Il se souvenait toujours avec terreur de l'implacable étreinte de la masse liquide, de la sensation d'étouffement, de sa panique et puis de toute cette eau salée qui s'engouffrait dans sa bouche ouverte. Il allait mourir noyé. Il ne se débattait plus, engourdi, presque évanoui, déjà dans l'antichambre de l'au-delà, quand l'un de ses matelots parvint à le crocher sous l'aisselle avec la gaffe et le remonta à bord. De retour au port, on l'avait débarqué et allongé sur le quai. Il avait des litres d'eau dans les poumons. Il avait la peau violacée. Sa vie ne tenait plus qu'à un fil. Les hommes des autres bateaux l'avaient entouré, s'apprêtant à le secourir. L'un d'eux s'écarta, le visage inexpressif, prit son panier et ses poissons, dit en s'éloignant : « Je vais boire un coup au café. » C'était César.

Quand les deux frères ennemis se retrouvaient par malchance soit à l'église, soit au bistrot, ils s'installaient à l'opposé, sans même se tourner le dos, tant ils pouvaient se regarder sans même se voir. Au début de la brouille, on avait déploré ou ironisé. Et puis l'habitude ayant été prise de les voir désunis, on ne prêta plus attention à eux. Même l'enterrement de leur mère ne les rapprocha pas, et pourtant beaucoup estimaient qu'en une telle circonstance le pardon et la réconciliation n'auraient déshonoré ni Pierre-Marie ni César. Mais ils étaient deux êtres ombrageux et obstinés. L'on aurait pu croire que, pour que des frères qui s'entendaient bien en vinssent à une telle haine implacable, il avait dû se produire un fait d'une extrême gravité, une trahison, une calomnie, un vol. Mais non. Pierre-Marie et César ne devaient leur désunion qu'à l'un de ces fréquents comportements humains issus de la simple stupidité. Leur bateau s'appelait *Mémoire de notre père.* C'était un joli sloop aux bordés rivetés de pointes de cuivre, à la lisse de chêne, aux voiles bleues comme le liston qui cerclait la coque blanche.

Ce fut grâce à leur mère que Pierre-Marie et César avaient pu devenir patrons. Le premier venait de terminer son service militaire sur un torpilleur et avait vingt-trois ans. Le second, qui avait fêté son vingtième anniversaire, avait été réformé par le médecin-major du Conseil de révision, parce que des varices couraient sur ses mollets. Il n'en éprouvait aucune honte. La décision de l'achat du bateau avait été prise un soir, après le souper, dans la cuisine utilisée par chaque famille pour les réunions et les conciliabules qui engageaient l'avenir. Leur mère avait desservi la table et puis, sans un mot, elle était allée chercher dans son armoire la Caisse noire qui avait appartenu à son époux avant qu'il ne se fît tuer lors d'un échange de canonnades avec des pirates chinois armés jusqu'aux dents. La Caisse noire, ainsi qu'on l'appelait, était une vulgaire boîte à biscuits de fer-blanc que chaque maître à bord gardait chez lui et qui contenait le magot des ventes. La distribution des parts, moitié pour le patron, moitié pour l'équipage, s'effectuait début novembre à la fin de la saison des pêches aux crustacés : les matelots avaient le droit de consulter les comptes, puis empochaient leur dû. L'argent que la mère de Pierre-Marie et de César avait entreposé dans sa boîte avait des origines diverses : il était le fruit d'économies et de privations qu'elle s'était imposées sur la pension qu'elle recevait grâce à la mort au combat de son mari.

— Mes garçons, vous avez là de quoi vous payer un joli canot, avait-elle annoncé simplement, de quoi ne pas manger la soupe des autres.

Pour thésauriser une telle somme que, dans une ville, les plus humbles auraient reçue pour un mois de travail, la mère de Pierre-Marie et de César avait non seulement grappillé sur les pensions, mais trimé pour aller ramasser le goémon à la côte, l'étendre dans les champs, le retourner neuf fois pour le sécher, l'enfermer dans des sacs, le brouetter jusqu'à la cale où le courrier l'emportait à la vente : des années de laborieuses fatigues. Mais l'orgueil que ses fils fussent patrons ainsi que l'avait été leur père justifiait ses efforts. Pierre-Marie et César avaient longtemps cherché dans les chantiers navals une coque qui fût digne de leur confiance. Quand ils la trouvèrent, « une occasion en or », affirma le vendeur, qui ne mentit pas cette fois-là, les deux frères durent la remettre en état. Ils renforcèrent le pont et les membrures de l'étrave ; ils poncèrent méticuleusement les flancs du navire ; ils le peignirent avec application. Puis ils inscrivirent sur son tableau arrière le nom : *Mémoire de notre père.* Ils lui devaient bien ça. Les lettres étaient d'un joli doré et séchaient au soleil. Alors, contemplant le sloop qui faisait l'admiration de tous, Pierre-Marie avait dit à son cadet :

— Quand notre mère ne sera plus sur cette terre, nous le rebaptiserons : *Mémoire de nos parents.*

Un matin de mai, juste avant le lever du soleil, le sloop prit la route du large, son pont encombré de casiers et de filets neufs, avec ses deux patrons à parts égales, raides de fierté à l'arrière. Celui qui barrerait pour le premier appareillage avait été tiré à pile ou face avec une pièce de dix sous et le sort désigna Pierre-Marie. César, le cœur un peu gros, se soumit sans protester. Poussé par un petit vent arrière bien établi, le bateau avait abordé les tourelles de l'entrée de la rade, puis un long rocher et, au bout d'une heure de route, le phare était derrière la poupe. Les deux frères étaient heureux. Ils échangeaient des coups d'œil brillants de joie, se donnaient des bourrades affectueuses dans le dos, se passaient la barre, trouvant au sloop, à mesure que la navigation se prolongeait, des vertus rares, des qualités exceptionnelles.

Difficilement aurait-on pu trouver, en ce monde, deux frères aussi étroitement solidaires.

— Bon, avait dit Pierre-Marie, on va aller mouiller filières et filets dans l'ouest !

— Ah non ! avait dit César, vaut mieux aller dans l'est !

Ainsi, à cause d'une banale divergence cardinale, la discussion fatale naquit-elle. Bien que l'affaire fût fort ancienne, Pierre-Marie se souvenait — même si certains détails s'étaient estompés — que la discussion avait vite pris vilaine tournure. De côte à côte qu'ils étaient, ils se retrouvèrent face à face, l'exaltation heureuse avait viré à l'excitation hargneuse. D'un mot à un autre, ils étaient passés aux invectives grossières, chacun réclamant à haute voix son droit à la parole et à la décision, prouvant par là qu'un bateau ne pouvait accueillir sur son pont qu'un seul patron. Longtemps les éclats de leur querelle retentirent sur la mer silencieuse. Enfin, quand l'un et l'autre admirent qu'aucun d'eux ne capitulerait, ils convinrent de regagner le port. La route du retour s'était effectuée dans un mutisme total, chacun ruminant des représailles. Le *Mémoire de notre père* glissa mélancoliquement sur son erre jusqu'à son quai. Ils débarquèrent, l'air teigneux, prêts à en venir aux mains. César amarra l'aussière avant, Pierre-Marie l'aussière arrière.

— Je ne travaillerai plus jamais avec toi. Et je t'interdis de sortir avec le bateau ou alors tu m'en paies la moitié ! avait dit Pierre-Marie sur un ton grinçant.

— J'en dis autant pour toi ! avait répliqué César.

Enfermés dans leur rancune, chacun sur un bord de la route, ils rentrèrent au pays. En pénétrant chez eux, leur mère leur trouva cet air mauvais et buté qu'ils avaient déjà enfants quand ils s'étaient battus en rentrant de l'école. Bien qu'affligée, elle ne dit rien, pensant que leur brouille se dissiperait au bout de quelques jours. Mais si Pierre-Marie et César avaient été des enfants rusés, l'âge avait dû nuire à leur intelligence. Il n'y eut rien à faire : ni les suppliques de leur pauvre mère, ni les exhortations des amis, ni les sermons du recteur ne parvinrent à les guérir de leur sottise. Au contraire, plus on leur prêchait de se réconcilier plus ils se muraient dans leur animosité. Et le bateau restait au port. Au jusant, quand la mer se retirait, l'on pouvait voir des dépôts d'algues et des moules qui formaient une croûte verdâtre sur la carène. Le *Mémoire de notre père* était devenu le lieu de prédilection des enfants qui embarquaient pour jouer et se livrer à la déprédation. Puisque le sloop ne prenait jamais la mer et ne servait à rien, ceux des autres bateaux, subrepticement dans les premiers temps, hardiment par la suite, s'emparèrent de ce qui leur faisait défaut à bord : des cordages, des taquets, des panneaux d'écoutille et les grappins. Sa coque rongée par le sel et le soleil qui faisaient éclater la peinture, son pont abandonné au pillage des hommes et aux sarabandes des enfants, le bateau qui ne naviguait jamais eut vite l'aspect désolant d'une épave. Quand ils allaient séparément au port et qu'ils constataient ce qui restait de leur rêve, Pierre-Marie et César fulminaient, avaient le cœur gros, mais, prisonniers de leur conflit stupide, ils refusaient de pactiser. Et puis leur mère mourut. Il était indéniable que l'hostilité qui opposait ses fils avait abrégé ses jours. Pierre-Marie qui avait embarqué sur le *Deo Gratias,* alors commandé par le père de Basile, travailla avec les femmes aux fours à goémon, se loua pour cultiver le grand champ du recteur situé dans le sud, mit sou après sou de l'argent de côté et parvint à se racheter un tout petit canot.

César, lui, connut un sort adverse : ses varices avaient empiré. Malgré d'énormes bandages qui enserraient ses mollets, il ne pouvait plus rester longtemps debout. Ange avec qui il travaillait dut le débarquer. César n'avait pas d'argent, n'avait rien. Il ne mangeait pas tous les jours et ses forces déclinaient. Comme il vivait avec son frère dans la maison héritée de leur mère, il le voyait s'empiffrer, mais son orgueil était si démesuré qu'il préférait mourir de faim que de lui quémander une tranche de pain ou chaparder pendant ses absences. Pierre-Marie ne lui proposa jamais rien. Sans doute le cadet serait-il mort de consomption si sœur Thérèse n'était venue à son secours. César faisait peur à voir. Ses yeux étaient profondément enfoncés dans leurs orbites, son visage émacié paraissait plus maigre encore avec sa barbe blonde qui faisait ressortir le creux des joues.

— Tu vas t'occuper de notre jardin, lui avait proposé la religieuse. Tu travailleras au gré de tes forces et nous te donnerons tes repas et quelques piécettes.

César devint donc le jardinier du couvent. Le bâtiment qui se dressait face à l'église était abrité par une haute muraille qui le protégeait des intempéries et des regards. Sur sa façade arrière, un terrain carré d'environ trois cents mètres servait de potager. Il devint le domaine de César. A la mauvaise saison, quand la terre était craquelée par le froid, il aidait les sœurs dans la boutique qu'elles géraient, et il vendait du sel, du tabac, des allumettes, des pelotes de laine, du fil à coudre. Les varices qui meurtrissaient ses jambes le faisaient toujours souffrir, mais sa vigueur était revenue et, quand le besoin s'en faisait sentir, il allait prêter main-forte aux dockers pour décharger le courrier. César était heureux au couvent. Avec les ans, à force de retourner le champ des sœurs, son dos s'était tellement voûté que lorsqu'il marchait il ne voyait plus que la terre ou les pieds des gens, mais il n'en souffrait nullement. Un soir d'été, il s'endormit sur un sac dans un coin du jardin. Sœur Thérèse le laissa faire. Elle avait compris qu'il préférait la compagnie des légumes et des fleurs auxquels il parlait, les félicitant pour leur belle taille ou les grondant s'ils lambinaient à pousser.

Mais un matin, après qu'il eut plu toute la nuit, la religieuse découvrit César recroquevillé dans son coin, grelottant dans son sac. Pataugeant dans la boue, sœur Thérèse était allée jusqu'à lui, partagée entre la colère et l'étonnement.

— Mais que fais-tu là, malheureux ? Pourquoi n'es-tu pas rentré chez toi te mettre à l'abri ?

— Ma mère, je ne retournerai plus chez moi. Si vous le permettez, je dormirai ici, sinon j'irai coucher dans le fort, lui avait répondu César en claquant des dents.

La supérieure n'avait pas insisté. César avait suffisamment prouvé de quelle obstination il était capable.

— Rentre te sécher, tête de mule. Et puis va chercher ton lit et ton matelas et installe-toi dans le grenier.

Puisqu'ils étaient ainsi et qu'on ne les changerait jamais, chacun en prit son parti : on ne parla plus jamais à César de Pierre-Marie, et l'on n'évoqua plus devant Pierre-Marie l'existence de César. Quand l'aîné fut élu conseiller, une seule voix se prononça contre lui, mais tout le monde devina qui l'avait exprimée. Quand César s'éteignit, un seul être ne le déplora pas : son frère. Et pourtant le jardinier des sœurs connut d'abominables souffrances avant de mériter son *Requiescat in Pace.* Malgré ses jambes éclopées et son dos tellement courbé qui l'obligeait à se soutenir avec une canne, César aurait pu vivre longtemps encore sans une déplorable étourderie d'un cafetier. La bévue avait scandalisé l'île. César, qui n'était pas un gros buveur, ne dédaignait pas, les soirs de grande chaleur, d'aller déguster un petit vin blanc avant de se coucher. Il était donc entré dans le bistrot. Puisqu'il n'y restait que peu de temps, au lieu d'aller gagner sa place habituelle qui le contraignait à traverser la salle, il avait commandé son ballon au comptoir. Le patron, occupé à bavarder avec d'autres, avait machinalement empoigné une bouteille et servi. Lorsque César buvait on le regardait, car il offrait un spectacle distrayant. Le dos cassé presque à angle droit l'obligeait à redresser la tête qui rentrait dans les épaules et le liquide entraînait dans sa descente un va-et-vient de la glotte d'un effet saisissant. César avait donc vidé son verre d'un trait. Et immédiatement ses yeux se dilatèrent tout en se mouillant de larmes. Son visage devint livide, il se mit à tousser et à cracher misérablement. Le verre, lui ayant échappé des mains, s'était brisé sur le sol. César avait porté sa main à sa gorge puis elle griffait son estomac. Dans un souffle, il avait murmuré :

— Ça me brûle... oh, que ça me brûle ! Qu'est-ce qu'on m'a donné à boire ?

Tandis qu'on le soutenait, Antoine et Adrien, qui faisaient la conversation au patron, s'emparèrent de la bouteille, reniflèrent le goulot l'un après l'autre, puis se regardèrent statufiés.

— Mais c'est de l'eau de javel ! s'exclama enfin Antoine.

— Ah ! nom de Dieu, je me suis trompé ! s'écria le cafetier.

On avait transporté César dans son grenier. On essaya de le faire vomir mais les spasmes le faisaient trop souffrir. On lui fit boire du lait en grande quantité. Exténué par la souffrance, César finit par s'endormir. Le lendemain matin, se sentant mieux, le jardinier était redescendu dans son potager, mais dès le premier coup de pioche il eut des vertiges et les douleurs se réveillèrent de nouveau.

Très vite ses forces diminuèrent. Le feu qui brûlait ses entrailles le consumait impitoyablement. Bientôt, il ne parvint plus à marcher et cessa de s'alimenter. Sœur Thérèse l'avait installé au rez-de-chaussée du couvent, dans une pièce attenante à la boutique afin de pouvoir se porter plus rapidement à son chevet. Tout le pays défilait pour le voir, le réconforter, lui faire avaler des herbes, lui poser des cataplasmes, tenter de le sauver. Mais César était condamné. Son visage avait pris ce teint crayeux qui précède la fin. Par moments, submergé par les souffrances, il hurlait interminablement et le vent emportait ses plaintes à travers le village. Parfois, il tombait en catalepsie, ses yeux presque vitreux, devenus doux, ne reconnaissaient plus personne. Ce fut une longue et cruelle agonie. Malgré les neuvaines des femmes en faveur du moribond, César n'était plus qu'un spectre dont le souffle soulevait imperceptiblement le linceul qui le recouvrait.

Un matin, après avoir longuement geint et déliré, il se redressa sur son lit, les yeux écarquillés. Ses lèvres laissèrent échapper un cri inhumain qui se brisa soudain en même temps que sa vie. On jeta des pierres contre la devanture du cafetier coupable et on enterra César. Seul Pierre-Marie, malgré les incitations de sa femme et du recteur, se désintéressa de l'affaire. L'enterrement de César fut le dernier que bénit M. Thomas.

15

Le *Mémoire de notre père* ne fut jamais rebaptisé. Les toiles d'araignée s'étaient emparées du pont, de longues lianes vertes s'étaient incrustées à sa carène jamais calfatée et les bordés privés de peinture laissèrent filtrer l'eau. Le sloop abandonné avait pourri sur place. Un jour, parce qu'il encombrait le quai, il fut traîné sur la butte qui surplombait le port et il alla rejoindre les autres épaves du cimetière marin.

Cet aberrant comportement des deux frères, qui pourrait paraître invraisemblable aux gens des villes, trouvait son explication dans la situation d'éloignement de l'île où tout était ressenti différemment que sur le continent. Les choses les plus naturelles prenaient une ampleur qui détraquait un peu les esprits. Par exemple, lorsque le vent soufflait, il le faisait avec une telle furie et un tel vacarme qu'à la longue on ne l'entendait plus hululer dans les oreilles mais carrément à l'intérieur des crânes. De même pour la pluie, quand elle crépitait sur les ardoises des toits ou aux carreaux, elle prenait une amplitude de déluge et le spectacle de ces torrents boueux qui dévalaient les rues et les champs ne pouvait laisser indifférent. Cela pour dire que tout, jusqu'aux sentiments, subissait ce phénomène de démesure.

Bien que cette rancune inextinguible de Pierre-Marie pût paraître inexcusable pour des mentalités citadines, dans le climat particulier de l'île il était jugé un brave homme, un bon marin et un maire qui exerçait ses fonctions avec sérieux. Quand les bateaux dormaient au port, que patrons et équipages s'abrutissaient dans les cafés, Pierre-Marie effectuait des rondes sur ce modeste territoire dont il avait la garde pour repérer les murets démolis, les routes défoncées, vérifier la pompe de la fontaine que les enfants démolissaient souvent ou décider qu'il fallait abattre tel chien devenu méchant.

Son pouvoir sans concessions n'avait jamais été contesté, et c'était bien parce qu'on le savait sans faiblesse, capable de représenter la loi et d'incarner la justice sans les finesses d'un roi Salomon, qu'on l'avait élu. Personne ne s'était jamais dressé contre la volonté du maire pas plus qu'on ne s'était élevé contre l'autorité du recteur. Mais l'île n'avait pas encore connu cette dernière et terrible épreuve.

La mutinerie de Stanislas et de ses alliés, près de l'étang, était pour Pierre-Marie la preuve tangible de ce qu'il redoutait, à savoir une inquiétante décomposition des mœurs. Selon le maire, quand la disette incitait les hommes à se retrancher dans leur égoïsme, le pire était possible. Sous les traits rugueux et hostiles de Stanislas qui se tenait devant lui, jambes écartées et poings serrés, le pire était arrivé. Pierre-Marie l'affronta du regard. Rangés dans le camp du colosse, ils étaient cinq à le narguer : Clovis avec son menton carré bleui par la barbe et son nez écrasé, prêt à donner main-forte à son grand frère ; Antoine qui le scrutait de ses petits yeux insolents ; Adrien qui venait d'ôter sa casquette car dans les échauffourées il affectionnait les coups de boule ; Lucas et son fils Martial qui dans les bagarres n'hésitaient pas à sortir leur couteau.

Le combat était visiblement inégal. Et la force du nombre enhardissait les mauvaises têtes. Mais Pierre-Marie savait qu'il ne pouvait céder sous peine de perdre à jamais la face, qu'il valait mieux pour son prestige qu'il subît une rossée que d'abdiquer. Estimant qu'ils s'étaient raisonnablement défiés du regard, Stanislas décida de prendre l'initiative et Pierre-Marie comprit aussitôt qu'il venait de commettre une faute tactique car elle le réduisait à la défensive.

— Assez perdu de temps, on rentre ! ordonna Stanislas.

Avec ensemble, ils avaient repris les bras des brouettes. Il ne restait plus à Pierre-Marie qu'à se lancer dans une tentative désespérée. D'un pas, il se campa en plein milieu de la route et dit :

— Vous ne passerez pas tant que vous n'aurez pas accepté de partager le poisson !

— C'est ce que nous allons voir ! siffla Stanislas.

Il reposa sa brouette et les autres l'imitèrent. Il avança vers le maire de sa démarche lourde. Son poing droit prit de l'élan pour frapper. Pierre-Marie savait, à l'usage, que l'unique moyen d'endiguer la force de la brute résidait dans la vitesse. Il devança l'attaque et frappa de toutes ses forces. Le coup atteignit Stanislas à la pointe du menton. Son regard devint flou, mais le mastodonte resta debout. Pierre-Marie réarma son tir, cogna une seconde fois, et cette fois-là Stanislas tomba sur les genoux. Le maire n'eut pas le loisir de savourer son succès : lourd et puissant, un poing l'atteignit à la tempe, le faisant trébucher. Il provenait de Clovis. Un coup de pied qui irradia une douleur aiguë dans son bas-ventre fut décoché par Adrien. Les yeux de Pierre-Marie se brouillèrent, sa tête fut ébranlée par un nouveau coup, le paysage se mit à tournoyer.

Le baroud d'honneur du maire était terminé. Son calvaire débutait. Quelle fut l'intensité de la raclée, il ne le sut jamais. Quand il reprit connaissance, Pierre-Marie se trouvait étalé dans l'étang là où ils l'avaient expédié. Lentement, souffrant de partout, les vêtements ruisselants d'une eau qui puait la vase, il se traîna sur la route où il demeura un bon moment, haletant et crachant du sang. Péniblement, il se remit debout et, traînant la jambe, se dirigea vers le village. Le maire avait contourné le grand potager du recteur, dépassé la niche de pierre qui abritait une statue de la Vierge tenant son Jésus dans ses bras, il n'était plus qu'à une centaine de mètres des premières maisons quand un tohu-bohu insolite lui fit tendre l'oreille. Pierre-Marie s'efforça d'accélérer le pas. A mesure qu'il approchait, le vacarme se faisait plus distinct et le maire reconnut des cris de femmes et quelques vociférations masculines.

— Qu'est-ce qui est arrivé ? se demanda Pierre-Marie.

Il était arrivé que la justice immanente brandit parfois son glaive.

Lorsque, farauds d'avoir réglé son compte au maire, Stanislas et sa horde avaient traversé le village en poussant leurs brouettes chargées de poisson, ils s'étaient trouvés confrontés à une difficulté qu'ils n'avaient pas prévue : les femmes. Et plus spécialement avec la plus influente, la plus chipie de toutes, la vieille Victoire.

Malgré ses soixante-dix ans tout proches, on n'aimait guère se frotter à elle. Victoire était râblée et vive. C'était elle qui dirigeait les corvées réservées aux femmes. Quand Victoire ouvrait la bouche, elle découvrait deux incisives supérieures, uniques rescapées d'une denture décimée par le temps. Les mots en sortaient dans un chuintement bruyant mais elle avait la réplique leste et quand les hommes se montraient trop impertinents ou farceurs, elle n'hésitait pas à les pourchasser avec sa fourche.

Le hasard malencontreux voulut que Victoire se trouvât sur le pas de sa porte à fouiner du regard les alentours — car elle était commère — quand la clique des pêcheurs déboucha. Le regard de Victoire s'alluma de convoitise. Comme tous les gens du pays, il y avait bien longtemps qu'elle n'avait suçoté du poisson et même du Peau bleu la fit saliver. Stanislas marchant en tête, ce fut à lui qu'elle s'adressa.

— Oh ! donne un bout, lui cria-t-elle.

— Tu peux crever ! répondit imprudemment le patron du *Berceau des Martyrs.*

Personne comme Victoire n'était capable d'ameuter une foule avec autant de promptitude. Bien que boulotte et lourde elle fonça sur le malappris. Son regard brillait de colère, son menton tremblait d'émotion. Campée devant les hommes, de sa voix forte et stridente, Victoire se mit à hurler :

— Regardez donc ces misérables qui nous laisseraient mourir de faim avec nos gosses ? Est-ce qu'on va les laisser s'empiffrer ?

— Mais tais-toi donc, sale mégère ! lui lança Stanislas en la foudroyant du regard.

Aucune menace n'aurait fait taire Victoire. Déjà, des maisons voisines d'autres femmes étaient apparues qui convergeaient vers les brouettes tandis que la vieille édentée continuait de rameuter du renfort. Adrien, le premier, comprit combien la situation prenait un tournant dangereux. Il voulut s'échapper par une ruelle avec son butin de poisson, mais sa tentative de fuite fut déjouée par une dizaine de jupons qui lui tombèrent dessus à bras raccourcis. Victoire appelait toujours à la rescousse. Maintenant, sa troupe se composait d'une quarantaine de femmes qui, griffant, mordant, frappant des poings et des pieds — et quel que fût leur âge — eurent vite raison de la poignée d'hommes. Pour Stanislas et ses amis, la résistance était malaisée car ils devaient non seulement faire front aux combattantes mais aussi essayer de protéger leurs brouettes et préserver leur cargaison. En un clin d'œil, ils furent terrassés et piétinés. Ils se mirent à ramper dans cette forêt de jupes et ne durent leur salut qu'en battant en retraite, pourchassés par la grêle de cailloux lancés par les furies.

En d'autres circonstances, Pierre-Marie serait intervenu. Mais ce jour-là, il demeura à l'écart, spectateur béat de la déroute de ses agresseurs. Paisiblement, il contempla les femmes victorieuses se partageant leur butin.

16

Les femmes étaient extrêmement nerveuses. Tout dans leur comportement trahissait le profond désarroi qui les tourmentait. Un rien suffisait à embuer leurs yeux de larmes, peu de chose les mettait hors d'elles et c'étaient alors des criailleries, des lamentations et des querelles à n'en plus finir. Les femmes commençaient à perdre courage.

Il est vrai que si les hommes étaient durement atteints par la fatalité, passaient leur temps à maudire la vie et à jeter leurs derniers sous dans les bistrots, si les rixes devenaient plus fréquentes, ils avaient, tout compte fait, le rôle le moins ingrat. On pouvait les voir déambuler interminablement au port près de leurs bateaux au mouillage, ou rêvasser face aux grands rouleaux blancs qui enserraient l'île ou encore arpenter les champs de l'est, ceux près du fort, le fusil à la main, traquant un mythique dernier lièvre. Mises à part les longues stations au café, ils ne faisaient plus rien. C'était l'hiver, l'état de la mer interdisait la pêche aux coques trop fragiles, et il n'y avait rien à tirer de la terre. Pierre-Marie éprouvait bien de la peine à réquisitionner des bras pour les corvées d'entretien de la commune car tous, ou presque, avaient renoncé à lutter contre une adversité trop écrasante pour eux.

Mais les femmes, elles, ne pouvaient se permettre ces flâneries mélancoliques. Elles se débattaient avec la préoccupation obsédante de la nourriture. A mesure que le temps passait, elles voyaient avec une inquiétude croissante les réserves diminuer. Les fêtes de la Noël et du nouvel an, qu'elles avaient tenu à célébrer, avaient mis à sec les provisions de pommes de terre et de froment. Désormais, elles ne disposaient plus que de quelques poignées de blé noir, les charniers touchaient à leur fin, quant aux poules, leur nombre avait bien baissé. Mais les enfants, surtout, pâtissaient de ce rationnement. L'air du large stimulait leur appétit, ils étaient habitués à mâchonner à longueur de journée des tranches épaisses de pain beurré, des galettes raflées dans les garde-manger, des pattes de crabes ou des restes de poisson et de porc, tout ce qui leur tombait sous la dent. Maintenant, et cela le recteur refusa de le croire tant qu'il ne le vit pas de ses yeux, les enfants disputaient aux chiens de vieux os qu'ils rongeaient pour tromper leur faim. Chaque jour, les mères pouvaient suivre l'évolution du malheur sur les visages de leurs fils. Eux qui, en n'importe quelle saison et par n'importe quel temps, avaient eu des joues bien pleines, fermes et colorées, des yeux malins éclatants de santé, une vitalité inusable, ils faisaient pitié à voir. Bien plus que les vieux, qui en prenant de l'âge perdaient l'appétit, les enfants s'affaiblissaient. Leurs visages étaient hâves, leurs regards abattus, leurs jeux silencieux. Amoindris, ils étaient les proies favorites des maladies. Avant, un gros rhume ou une vilaine bronchite ne les empêchait pas de faire des cabrioles sur leurs lits. Depuis l'arrivée de la misère, les mêmes maux les fauchaient durement et ils glissaient, fiévreux et misérables, sous leurs couvertures. C'était avec une exaspération douloureuse que les mères entendaient seriner : « Qu'est-ce qu'il y a à manger ? » Une gifle, révélatrice de leur impuissance, était la réponse à la question du quémandeur.

Lors d'une visite dominicale dans les familles à l'heure du repas, M. Dolivier avait été atterré. « Un simple œuf pour quatre et quelquefois cinq personnes, les inévitables berniques, une galette par convive d'une finesse transparente et, dans les foyers qui ont eu la sagesse de garder une vache, un peu de lait. Cette situation ne peut se prolonger sans de pénibles conséquences », avait-il noté sur le cahier de la paroisse.

Plus que toutes les autres, une femme était spécialement à plaindre. C'était Jeanne. Le cinquième jour de l'an 1932, elle mit au monde son neuvième enfant qu'elle prénomma Antoine et qui portait à quatre le total des garçons. Dans l'ordre des naissances il y avait Numa, âgé de douze ans, le mousse de Basile, puis Sylviane, de deux ans sa cadette. Ensuite, espacés d'une seule année avec une régularité consternante, venaient Camille, Elisabeth, Patrice, Noëlle, Joëlle, Olivier et enfin, momentanément le dernier, Antoine. Toute cette marmaille aux visages constamment mâchurés avait en commun les mêmes yeux que leur mère, étirés en forme d'amande, aux iris d'un joli bleu marine. Pour le reste, ils étaient fort dissemblables : il y en avait des blonds et des bruns, des crépus, des bouclés, des filasses ; certains étaient nonchalants, d'autres insupportablement turbulents ; les uns avaient des pommettes plates, d'autres des zigomatiques saillants.

Ces différenciations aussi tranchées chez des frères et sœurs étaient les résultats surprenants du tempérament de Jeanne. Son visage, qui commençait à avoir cette lourdeur troublante des femmes qui ont franchi la trentaine mais dont l'ardeur est demeurée intacte, était toujours très beau. La mère de cette tribu dépareillée avait un nez légèrement busqué et fin, un menton agréablement pointu, surmonté de lèvres pulpeuses, aux coins tombants qui lui donnaient un air boudeur. Toutes ces maternités n'avaient pas disgracié sa silhouette. Sa démarche lente et déhanchée donnait à sa jupe des ondulations qui jetaient le trouble dans la tête des mâles. Pourtant il n'y avait aucune provocation dans son attitude, c'était sa nature.

Jeanne n'était pas seule à avoir montré tant de dispositions à la prolifération. D'autres femmes dans l'île possédaient autant d'enfants, mais l'originalité de Jeanne tenait à sa condition de célibataire. Les hommes la désiraient, c'était certain, et leurs regards quand elle passait le montraient bien, mais ils refusaient de l'épouser car, ce qui les exaltait, en même temps les effrayait. Avant de porter des jugements moralisateurs, il fallait savoir que Jeanne n'était pas une femme légère, ni une gourgandine. Si elle était pécheresse avec une telle ponctualité, c'était parce que parfois une nécessité impérieuse de ne pas être seule l'agitait, une nécessité que rien, ni les tisanes ni les prières, ne parvenait à calmer. Alors, les soirées de beau temps, quand l'île n'était que silence et quiétude, il arrivait que Jeanne sortît de chez elle, un châle blanc sur les épaules, ses cheveux paille noués en chignon. Indifférente aux commérages, elle marchait sous la clarté de la lune vers le champ du fort où poussaient les foins et les blés.

Sans un regard derrière elle, Jeanne allait à la longue plage de l'est et s'allongeait au pied d'un grand rocher plat avec, sur le visage, l'expression grave de celles qui s'apprêtaient à célébrer un sacrifice rituel. Elle était ainsi. Mais il n'y avait jamais, dans ce besoin d'un autre, ni vulgarité ni bassesse. Etendue sur le sable, elle attendait en écoutant le souffle régulier du ressac sur la grève.

Celui qui viendrait la rejoindre n'était pas élu au hasard. Son choix, elle le faisait dans la journée lors de ses va-et-vient routiniers dans le village. Jeanne croisait des hommes mais il arrivait que l'un d'eux soudain accrochât son regard et déclenchât en elle cette fièvre qu'elle ne parvenait pas à éteindre. C'était un jeu des yeux, bref mais envoûtant, qui dilatait les pupilles, rien de plus. Mais Jeanne et lui savaient qu'ils se rencontreraient la nuit. Quand le soir arrivait, l'homme se tenait posté dans l'ombre, près de la maison de Jeanne. Il la voyait fermer les volets de son unique chambre où elle couchait parmi l'entassement des enfants. Il entendait les recommandations de la mère, les cris joyeux et les disputes qui précédaient le sommeil pesant des filles et des garçons. Dès que Jeanne sortait et empruntait le chemin du fort, lui s'en allait dans la direction opposée, ce qui l'obligeait à décrire une grande courbe pour la rejoindre. Personne n'était dupe du manège, mais la pudeur et la décence étaient préservées. Il arrivait bien après elle. Ses pas, sur le sable, ne faisaient aucun bruit, mais Jeanne qui se tenait les yeux fermés savait qu'il approchait.

Quand sœur Thérèse, généralement au début de l'automne, traversait le village avec un air pincé et sans daigner voir personne pour se rendre chez Jeanne, c'était une démarche annonciatrice. La visite de la religieuse était la preuve que la jeune femme portait un nouveau fruit de ses étreintes. Avec une résolution de plus en plus chancelante, sœur Thérèse allait chapitrer la fautive.

La cérémonie était toujours la même. D'abord, elle faisait sortir les enfants, grands et petits, et puisqu'ils ne pouvaient assister à l'entretien car l'on n'abordait pas certains sujets devant eux, les habitants voyaient dans leur expulsion une confirmation supplémentaire de la nouvelle maternité de Jeanne.

Ensuite, bien calée sur une chaise, sœur Thérèse y allait de son éternelle homélie.

— Qu'as-tu encore fait, malheureuse ?

Chaque fois la religieuse débutait ses remontrances par la même question qui entraînait la même réponse :

— J'ai été avec un homme, ma Mère.

— N'avais-tu pas suffisamment d'enfants et d'ennuis ?

— Oh ! si, ma Mère.

— Cela ne t'a pas empêchée de recommencer ?

— Non, ma Mère.

— Mais n'arrêteras-tu jamais ces manigances, ma pauvre fille ?

— Mais, ma Mère, c'est Notre-Seigneur qui l'a voulu ainsi.

— S'il t'a faite ainsi, ce n'était pas pour faire ça, le comprendras-tu un jour ?

— Pardon, ma Mère, mais je ne comprends pas. Pourquoi m'a-t-il donné des envies ? C'est un peu comme si je montrais de beaux poissons bien frits à mes enfants et que je leur dise : « Vous les avez vus ? Eh bien, vous n'en aurez pas ! »

— Mais Jeanne, Jeanne, quand tu vas avec un homme tu commets le péché de la chair et c'est l'enfer qui t'attend !

— Pardon, ma Mère, mais Notre-Seigneur a dit que l'homme et la femme pouvaient s'unir pour féconder. Or, c'est bien ce que je fais ! répliquait avec logique l'accusée.

— S'ils sont liés par le mariage.

— Ce n'est pas ma faute s'ils veulent de moi à la côte et pas à l'église, ma Mère.

Parvenue à ce point, sœur Thérèse capitulait. Elle fixait Jeanne avec compassion et affection, puis elle joignait les mains et disait doucement :

— Prions, Jeanne, pour que ton petit nous vienne au monde fort et gentil et qu'il vive dans la paix du Seigneur.

— Prions, ma Mère.

Le temps réglementaire s'écoulait et Jeanne accouchait. Victoire, qui exerçait la fonction de sage-femme, venait s'installer chez la parturiente dont les enfants avaient été disséminés provisoirement dans différents foyers. Les bassines d'eau étaient mises à bouillir, les serviettes propres disposées à portée de main. Sœur Thérèse, qui avait des notions d'infirmière, assistait Victoire, car toute naissance dans l'île était un événement qui ne laissait pas indifférent mais était considéré comme une manifestation de la volonté divine.

Quand les douleurs se déclenchaient, alors que la religieuse s'affairait en récitant à voix basse des prières, Victoire, les mains et les avant-bras maculés de sang, facilitait délicatement la sortie du nouveau-né en chantant des berceuses et des cantiques tandis que Jeanne, entre deux hurlements jurait : « Je ne recommencerai plus jamais... plus jamais... » Et puis, elle criait de nouveau. Autour de son lit, d'autres femmes venues aux nouvelles se pressaient, attentives au bon déroulement de la naissance : aucune n'était dupe de la fragilité des serments de Jeanne. Et puis, quand le nouveau-né, fessé, lavé, langé, après ses premiers vagissements dormait dans un panier, le recteur apparaissait pour donner sa bénédiction. Comme elle était seule avec son essaim d'enfants, c'était au couvent que Jeanne, après le baptême, offrait un repas préparé par les sœurs. Ensuite, la vie recommençait comme avant, excepté le fait que la jeune femme avait une bouche de plus à nourrir.

Dans d'autres parties du monde — et même sans aller si loin, simplement sur le continent tout proche — le comportement de Jeanne, avec ses erreurs répétées, lui aurait valu d'être traitée avec cette répulsion qu'inspirent aux sociétés les filles perdues.

Mais, dans l'île, personne ne s'offusquait des désordres de Jeanne et on ne l'accablait pas de pondre chaque année, ou presque, son petit dernier-né de père inconnu. Pour bien se pénétrer de la mansuétude et de la compréhension dont était entourée la féconde impénitente, il fallait savoir qu'aucun n'eût osé lui reprocher d'être la mère d'une pléiade de ravissants bâtards. Les familles étant peu nombreuses et chacun se trouvant apparenté aux autres, les corniauds de Jeanne étaient issus obligatoirement de l'un d'eux, par conséquent ils appartenaient à leur sang. Du coup, les enfants de Jeanne que nul ne revendiquait étaient choyés par tous. Même à l'école, qui fut de tout temps une sévère initiation à la cruauté humaine, ils n'entendaient jamais ces moqueries mesquines, ni ces affronts infamants réservés aux illégitimes. Plus même, c'étaient des enfants qui exerçaient sur tous le pouvoir magique des devinettes. Ainsi Numa. Du temps où le *Deo gratias* voguait, Basile, Antoine, Mathias ou Louis ne manquaient pas de l'observer à la dérobée, cherchant à démasquer sous ses traits de lait un indice qui les mettrait sur la piste du géniteur. Un sourire rappelait un tel, un regard contrarié évoquait un autre, une attitude faisait penser à un troisième... Leurs recherches demeuraient infructueuses, s'égarant chaque fois dans le labyrinthe de la personnalité de Numa. Basile — lui — eut une pensée pleine de bon sens. Un soir qu'incidemment on parlait de Jeanne dont on venait d'apprendre la neuvième grossesse, il dit à Adèle :

— Un enfant naturel, c'est un bâtard. Mais une flopée, ça devient une race !

Quand la disette se fut bien installée dans l'île, la miséricorde qui aidait à vivre disparut sous le poids des soucis, et la communauté découvrit — bien longtemps après tant d'autres — de grands déchirements et la désespérante solitude du chacun pour soi. Jeanne, alors, connut d'infinies tribulations.

Parce qu'aucun homme ne partageait sa vie, et ne remplissait les gamelles de son banc d'enfants, parce que mis à part le jardin qui donnait des patates, des tomates, et le poulailler qui donnait des œufs, et les corvées de goémon qui rapportaient quelques sous, Jeanne, bien qu'elle ne possédât rien, avait pu subsister avec les siens grâce aux offrandes.

Quand les pêcheurs venant du port passaient devant sa maison, il s'en trouvait toujours qui s'arrêtaient et lui tendaient les paniers où scintillaient les beaux poissons argentés. Jeanne se servait sans faire d'embarras. Il ne s'agissait pas de charité, mais d'une coutume très vieille née du bon cœur des hommes. Depuis toujours, ceux qui revenaient de la mer donnaient à ceux qui étaient dans la gêne et notamment aux anciens. C'était ainsi. Il ne se passait de jour également sans qu'une amie vînt lui apporter un cruchon de lait fraîchement trait, ou, enveloppé dans un voilage pour qu'il se dégorgeât, du beurre bien clair, car telle était la couleur du beurre en ce temps-là. A tous ces bienfaits s'ajoutait ce que rapportait Numa, sa part de pêche et le modeste pécule que lui octroyait généreusement Basile, car c'était une époque où, à douze ans, apprendre à travailler et à peiner était considéré comme un honneur.

Mais voilà, la grande pénurie était arrivée. On ne venait plus frapper à la porte pour annoncer gaiement : « Jeanne, j'envoie du bon pour toi ! » Par manque de prévoyance, croyant que l'arrêt des ventes serait passager, elle fut la première à être atteinte par la faim avec ses enfants. Les réserves de pommes de terre avaient été vite épuisées. Puis les provisions de farine et de blé noir furent à sec. Restaient les poules. Evidemment, en hiver, elles pondaient moins et leurs œufs avaient des tailles réduites, mais c'était toujours mieux que rien.

Un matin, Numa qui était sorti pour vider le seau rentra avec une expression de désarroi que

Jeanne n'avait jamais vue chez son aîné. Ses frères et sœurs assis sur les bancs autour de la table, qui avalaient gloutonnement des berniques et des bigorneaux, avaient relevé la tête de leurs bols et le fixaient avec anxiété.

— Qu'est-ce que tu as, Numa ? s'inquiéta Jeanne.

— On a volé nos poules, maman.

Jeanne devint livide. Elle s'appuya contre la cloison de bois qui séparait la cuisine de la chambre. Instinctivement, elle plaqua ses mains contre son ventre dilaté par la grossesse : l'accouchement pouvait se dérouler d'un jour à l'autre. Déjà, elle avait su par Victoire que, cette fois-ci, aucune famille ne recueillerait ses enfants. La mauvaise nouvelle lui fit l'effet d'un coup de grâce.

— Qu'allons-nous devenir ? murmura-t-elle, effondrée.

— Il faut prévenir les sœurs, maman, elles ne nous abandonneront pas, suggéra Numa.

— Tu as raison mon garçon, cours alerter la supérieure.

Ce jour-là, telle une cantilène lancinante, le vent qui s'était levé la nuit souflait du sud-ouest avec une brusquerie inhabituelle. Dans le ciel d'épais nuages bas et sombres couraient en s'emmêlant, déversant à intervalles irréguliers des grains violents. Une nouvelle tempête s'était déclenchée qui succédait au temps maussade. Les rues du pays, transformées en marécages, étaient désertes. Les gens restaient enfermés chez eux et seuls quelques chiens couraient d'un pignon à un autre en quête d'un abri. Le vent, la pluie, les nuages, la grisaille et cette absence de vie dans le pays accentuaient l'atmosphère de tragédie dans laquelle survivait l'île.

Dès qu'elle eut mis le nez hors du couvent, sœur Thérèse dut empoigner à pleines mains sa cornette qui frémissait comme un tourmentin mal bordé. Courbée, plissant les yeux à cause du sable qui cinglait en tourbillonnant, la religieuse prit la route qui conduisait à la maison de Jeanne. Enveloppée dans sa capote cirée, Numa trottinait à ses côtés. Le trajet n'était pas long, mais quand sœur Thérèse ouvrit la porte sa coiffe ruisselait comme une gouttière.

Le visage terreux, allongée sur son lit défait, les jambes repliées et ouvertes, Jeanne commençait à ressentir les premières douleurs, mais elle conservait ce calme que possèdent les femmes dont ce n'est pas le premier accouchement. A cause des plaintes qu'elle ne pouvait pas toujours retenir, ses filles et ses garçons restaient craintivement réfugiés dans la cuisine, impressionnés. Aussitôt, la religieuse intima à Numa d'emmener son escouade de frères et sœurs au couvent, puis d'alerter Victoire afin qu'elle vînt aider à la délivrance. Ensuite, s'activant du mieux qu'elle pouvait, car à son âge elle n'était plus svelte, la religieuse prépara le feu avec des brindilles, des roseaux et des joncs, fit craquer une allumette, alluma en soufflant dessus pour faire jaillir les flammes. Il fallait faire bouillir l'eau. Sœur Thérèse remplit une bassine avec celle que contenaient les brocs et la porta péniblement jusqu'au crochet suspendu dans la cheminée. Jeanne aurait voulu s'excuser, remercier la sœur du mal qu'elle se donnait mais une soudaine contraction lui coupa le souffle. Les douleurs avaient pris un rythme plus accéléré quand, son fichu et son châle gorgés d'eau, ses sabots crottés, Victoire fit son entrée en disant d'un ton de mauvaise humeur :

— Sale temps pour accoucher !

Peut-être le Ciel voulut-il épargner à Jeanne de trop longues et inutiles souffrances, mais son neuvième enfantement se passa en quelques heures à peine. Toutefois, l'accouchée avait perdu son sang en abondance.

Les draps étaient maculés de larges taches rouges et, pour la première fois, quand Victoire présenta Antoine à sa mère, celle-ci détourna la tête de ce nouveau-né piaillant qui arrivait si mal à propos. Sœur Thérèse avait tâté du bout des doigts l'eau versée dans une cuvette afin d'en vérifier la température qu'il fallait ni trop chaude ni trop froide pour la première toilette de l'enfant. De son côté, Victoire avait roulé en boule les serviettes sales puis avait empoigné sans dégoût le placenta et l'appendice ombilical, ces excréments de la naissance, qu'elle avait jetés dans le feu de la cheminée. Jeanne était exténuée. Elle entendait à peine les allées et venues des deux femmes dans la chambre tant elle était étourdie par le pénible événement. Toutefois, malgré sa profonde hébétude, elle conservait présentes à l'esprit les difficultés qui l'attendaient quand elle serait de nouveau sur pied. Des pensées mauvaises pour son état l'agitaient, Jeanne s'imaginait mourant de faim avec ses enfants et cette éventualité lui fit monter les larmes aux yeux. Ce fut ainsi, avec son chagrin qui mouillait son visage, qu'elle s'endormit enfin. Aidée de la sœur, Victoire enroula, serrée, une large bande pour maintenir les chairs meurtries de la parturiente, puis elles mirent un semblant d'ordre dans le fouillis de la chambre.

Au moment de s'en aller, Victoire chuchota à la religieuse :

— Ma Mère, elle perd toujours son sang. Il faut souhaiter que ça s'arrête bientôt, sinon elle va se vider comme un poulet. Moi, je ne peux plus rien faire.

Il n'y avait pas de pitié excessive dans la voix de Victoire. C'étaient des temps où, dans l'île, bien des jeunes femmes mouraient en enfantant.

— Je reste pour prier, dit sœur Thérèse.

Dehors le vent se déchaînait toujours.

17

Tous les jours, sœur Thérèse et sœur Céline se relayèrent au chevet de Jeanne, lui apportant tantôt du pain, tantôt un gâteau au goémon âcre et épais, pas du goût de tout le monde mais qui étouffait momentanément la faim. La mentalité des gens avait si médiocrement évolué qu'en les voyant passer avec leurs pauvres provisions ils en arrivaient à jalouser la bénéficiaire. Parfois le recteur, qui avait bien maigri lui-même, venait lui faire une brève visite pour la réconforter. Dans les débuts il arrivait avec quelques œufs reçus comme une manne céleste, mais M. Dolivier, à l'instar de Jeanne, Adèle et d'autres, eut ses poules et son coq volés lui aussi. Ces larcins provoquèrent d'autant plus de stupeur et d'indignation dans la communauté — sans doute les coupables se joignirent-ils hypocritement à ces récriminations — que jamais on n'avait connu de voleurs sur cette île. Bien sûr, il arrivait que certains pêcheurs allassent fouiner dans les casiers et les filets des autres, mais si ces agissements étaient jugés irritants, ils n'en étaient pas moins de bonne guerre. Certes, il arrivait également qu'un gamin dérobât un caramel ou un bout de réglisse dans la boutique des sœurs, mais il fallait interpréter ce geste plus comme une bravade destinée à épater les petits amis que comme un vol qualifié. Ce n'étaient là que des peccadilles, comparées aux activités des ancêtres qui s'étaient bâti une réputation solide de naufrageurs impénitents. Pour que la malhonnêteté se manifestât avec un manque de scrupules aussi inique, il fallait vraiment que la population fût aux abois.

Lors de son sermon dominical, le recteur tança vertement les rares fidèles qui assistaient encore à la Sainte Messe. D'une voix tonitruante, par moments tremblante de colère, il dit à propos de Jeanne :

« Ainsi, certains n'ont pas hésité à supplicier davantage encore une créature qui était déjà au désespoir. Ainsi, de nos jours, ce n'est plus de la mer, ni du vent, ni des tempêtes, ni de la faim dont nous devons nous méfier. Non, de nos jours, l'homme doit se protéger de l'homme, le frère doit se méfier de son frère, la mère doit craindre son fils. Ainsi, nous sommes devenus pire que les bêtes sauvages.

« Je vous le dis : craignons les foudres du Seigneur, ayons peur de ses punitions car nous l'avons trop blessé, nous l'avons trop fait souffrir pour ne pas mériter sa malédiction ! »

Les paroles de M. Dolivier qui, antérieurement, auraient eu une grande résonance furent sans effet ou presque. Le malheur était si grand et si injuste qu'il avait rogné la Foi. Désormais du Ciel on n'attendait plus rien de bon.

Un matin de février, alors que les champs de l'île étaient encore blancs de givre, Basile avait accompagné Adèle qui se rendait chez Jeanne pour lui remettre quelques morceaux de poisson salé. Ce n'étaient que des débris ramassés dans le fond du gros vase de terre, mais le maître du *Deo Gratias* s'était opposé à ce que sa femme les privât des bonnes parts qui leur restaient encore.

— Quand tu auras tout donné et qu'on n'aura plus rien, personne ne viendra nous aider : charité bien ordonnée commence par soi-même.

Adèle n'avait pas voulu se lancer dans une polémique. Mais discrètement, pendant qu'elle raclait le fond du récipient, elle déchiquetait avec ses ongles des vieilles et des aiguillettes, les transformant en grosses miettes qu'elle déposait dans une assiette. Mais Basile et elle se connaissaient trop bien pour qu'il ne déjouât pas la fraude.

— Laisse-moi faire ça ! avait-il dit en l'écartant.

Quand ils entrèrent dans la chambre de Jeanne, elle reposait, allongée sur son lit. Basile eut un haut-le-corps. Il y avait longtemps qu'il ne l'avait vue et il eut presque du mal à la reconnaître tant elle avait changé. Jeanne n'était plus que peau et os. Du regard, Basile parcourut la chambre. Il y régnait ce chaos qu'installaient les enfants dont on apercevait l'amoncellement des matelas et des couvertures sales et froissées, entassés dans un coin face à la fenêtre. Par plaques, la chaux était tombée des murs et le feu de la cheminée ne pouvait combattre efficacement l'humidité qui dégageait une odeur irritante.

Jeanne ne se lamentait pas. Depuis longtemps elle avait abdiqué, comme si l'éventualité de survivre ou la possibilité de mourir ne la concernaient plus. Elle était parvenue à un tel degré de résignation que, lorsque sœur Thérèse avait emporté Antoine au couvent où il était nourri, elle avait accepté la séparation avec indifférence. Quand les religieuses venaient apporter les soupes et les galettes de goémon — car on ne mangeait plus que ces herbes avec des moules et des berniques — elle les regardait à peine, insensible à tout, même aux chamailleries de ses enfants, qui se bousculaient autour de la table pour s'emparer des aliments. Cet état de prostration était la conséquence du sang qui s'était longuement écoulé du ventre de Jeanne après son accouchement.

Adèle s'affairait à mettre un semblant d'ordre dans la maison avant de balayer. A cause de la différence d'âge, elle et Jeanne n'avaient jamais été amies, car quatorze années creusent un profond fossé entre deux femmes. Mais Adèle avait été l'une des rares personnes que le sermon sévère du recteur avait ébranlées. Sa piété naturelle jointe à la crainte des Enfers lui avaient dicté cette conduite secourable.

La présence de Basile avait une autre motivation. Il avait escorté sa femme sous le coup de l'une de ces impulsions confuses qui commandent parfois les hommes. Quand le patron du *Deo Gratias* était adolescent, il avait longtemps été accaparé par la jeune femme qui avait huit années de plus que lui. Quand Jeanne passait, il la suivait des yeux, rêvait d'elle la nuit, pensait à elle le jour, s'évertuait à se trouver sur son chemin. Il avait pour elle de ces attentions qui trahissent la passion, telles que pousser sa brouette quand elle remontait du lavoir, porter ses brocs d'eau quand elle revenait de la fontaine, ou lui offrir des crevettes qu'il avait pêchées à la côte. Jeanne acceptait avec ces regards et ces sourires des femmes conscientes de leur pouvoir. Elle lui disait : « Comme tu es fort, Basile... » et lui rougissait jusqu'à la racine de ses cheveux, fou d'orgueil, et elle ajoutait perfide : « ...pour un garçon de ton âge », et il maudissait sa jeunesse tout en étant conscient qu'elle se moquait de lui.

Mais l'attraction qu'elle exerçait sur ses quatorze ans était irrésistible. Même quand il la vit pleurer le jour des funérailles de sa mère, en ces heures de chagrin pathétique, il la trouva très belle. Il n'avait jamais connu le père de Jeanne et peu de gens dans l'île en conservaient un souvenir précis. Il était, selon les dires, plutôt taciturne. Un matin on le vit embarquer sur le courrier, les mains vides, à croire qu'il partait pour une brève absence. Et il ne revint plus. On apprit, par une lettre, que, las de la misère, il émigrait pour les Amériques afin d'y faire fortune. Certains, avant lui, avaient fait le voyage, mais l'exil leur avait semblé trop lourd, la nostalgie de l'île avait été trop forte, et ils étaient revenus convaincus que la misère était préférable à vivre et à subir sur sa propre terre. Le père de Jeanne était l'unique cas de disparition totale. Etait-il mort, était-il vivant, nul n'en savait rien et tous, Jeanne comprise, avaient fini par l'oublier. Les religieuses, déjà, avaient veillé sur le salut de l'âme de la jeune fille. Mais il fallait croire que les bons principes, les belles vertus et l'amour de la Vierge qu'elles lui avaient inculqués durant tant d'années n'avaient eu qu'un effet temporaire sur la vitalité de Jeanne. Car son Numa naquit quand elle eut ses vingt ans.

La vie avait toujours été trop rude pour que les hommes pussent s'attarder sur leurs amours contrariées. La mer, la pêche, le bateau s'étaient emparés de Basile et Jeanne vint peupler le vaste domaine où les humains déposent leurs illusions perdues. Cependant, chaque fois que le hasard plaçait le jeune homme devant celle qui stupéfiait par sa fécondité, il sentait les pulsations de son cœur s'accélérer. Les hommes oublient rarement la première femme aimée même si le sentiment ne fut pas partagé. Jeanne connaissait-elle ces faiblesses masculines ? En tout cas, ce fut à Basile qu'elle s'adressa lorsque Numa fut en âge d'embarquer. A lui et à aucun autre, même parmi ceux qu'elle avait attendus sur la plage. A croire que Jeanne avait davantage confiance en celui qui l'avait espérée qu'en ceux qu'elle avait comblés. Basile avait donc pris Numa à son bord. Et Adèle, qui était son épouse depuis un an seulement et n'ignorait pas le penchant que son mari avait eu pour Jeanne, lui avait dit : « Tu as bien fait. »

Jamais peut-être, comme en cette matinée glaciale de février, Basile ne ressentit avec autant d'intensité la cruauté des événements. Jamais, autrefois, on n'aurait laissé Jeanne ni d'autres dans un tel état d'abandon. Cette désagrégation de la communauté n'était pas sans rappeler les convulsions pitoyables des longues agonies. Oui, l'île était en train de mourir. Et cette révélation subite le transperça de douleur et de fureur.

Basile, depuis que son caractère s'était affirmé, était un homme aux coups de sang subits, aux décisions fulgurantes.

— Nom de Dieu ! rugit-il, on ne va pas crever sans rien tenter !

Jeanne avait légèrement tourné la tête vers lui, mais Adèle avait violemment sursauté. Elle savait que les brusques accès de colère de son mari ne présageaient rien de bon. Et elle avait raison.

— Je vais en mer ! annonça Basile.

Adèle n'eut pas le temps d'ouvrir la bouche, d'essayer de le détourner d'un projet aussi insensé. En quelques pas, il était à la porte. Le temps de l'ouvrir, d'enfoncer sa casquette, Basile était dehors. Un courant d'air glacé s'engouffra dans la chambre. Le vent était au nord et pas très fort. Mais la mer était grosse.

18

Lorsque, bien longtemps après cette catastrophe qui affecta l'île, on s'étonna sur le continent de ce que ces hommes dont la pêche était le métier aient été incapables de sortir un poisson de l'eau, il fallut en fournir les raisons.

Cette grave pénurie qui avait sapé la vie dans l'île n'avait pu se produire et s'implanter qu'à cause des conditions climatiques particulières à ces parages. L'été était d'une beauté sublime. Des coups de vent, forts et soudains, se déclenchaient parfois mais leur durée était limitée. Le reste des jours se déroulait sous un soleil ardent qui asséchait la terre et aplatissait l'Océan. Bien sûr, la mer trop calme et réchauffée énervait souvent les pêcheurs car les poissons et les crustacés semblaient enclins à se prélasser dans les fonds pour y faire la sieste. Mais enfin, à part ces bougonnements qui dénotaient l'insatisfaction permanente des humains, l'existence était harmonieuse : la terre produisait les pommes de terre, les tomates, les salades, les foins et les blés ; les gros orages qui se déversaient généralement à la tombée du jour alimentaient la source d'eau douce et délicieuse qui serpentait dans le ventre de l'île. Bref, l'été n'était que bienfaits.

L'automne n'était pas désagréable : la température perdait quelques degrés, les jours devenaient plus courts, les grains et les rafales plus fréquents, mais au crépuscule, les tâches achevées, les familles sortaient les bancs et s'asseyaient en bavardant devant leur maison, tandis que les enfants gaspillaient, en courses et en jeux, leurs dernières forces.

L'hiver était la saison maudite et redoutée. La mer donnait de titanesques coups de boutoir contre la côte, refoulant les dunes, explosant dans les criques. Les vagues déferlaient, puissantes, telle une armée inépuisable lançant des assauts véhéments contre ce minuscule bastion qu'était l'île. Quiconque n'avait vu ce spectacle terrifiant et grandiose de la terre résistant à la mer ne pouvait comprendre. Il était hors de question de quitter le port et encore moins pensable d'aller mouiller une ligne en pêchant de la côte : les lames auraient tout détruit. Or, l'hiver qui apporta tant de désolation fut l'un des pires que la communauté eut à subir. Bien entendu, ces explications ne suffiront cependant pas à convaincre tous les sceptiques qui, calfeutrés dans leurs villes, ne recueillirent que des échos fragmentés de ce malheur lointain.

Rencogné contre le muret du quai, Numa avait son regard des mauvais jours. A quelques brasses de lui, les hommes préparaient l'appareillage. Quand on avait appris que Basile était résolu à prendre la mer, presque tous dans le pays pensèrent qu'il avait perdu la tête. A la suite du dernier coup de vent, tout autour de l'île, l'Océan n'était qu'un bouillonnement grisâtre et grondant qui s'étendait à perte de vue. En quittant la maison de Jeanne, Basile était passé chez lui rafler son ciré et ses bottes puis il avait entrepris la chasse à ses matelots : Louis, son beau-frère, demeura étrangement invisible ; Antoine refusa, arguant qu'il ne voulait pas se suicider ; Mathias, après réflexion, accepta, expliquant qu'entre crever de misère ou périr en mer, il préférait encore le second trépas, plus expéditif.

— Seulement, objecta le matelot, on ne peut pas sortir à deux.

— Je sais, acquiesça Basile, il faut qu'on trouve du renfort...

— Je ne vois pas où tu trouveras des fous pour nous suivre.

— Des fous, il y en a partout, c'est pas ce qui manque. Viens, on va en chercher, décida Basile.

Ils n'eurent pas beaucoup à marcher, côte à côte, avec leurs vêtements de mer sous le bras. Débouchant de sa maison, Lucas se planta devant eux.

— On raconte que tu sors, Basile.

— Oui, si je trouve du monde.

— Mes fils et moi, on vient avec toi, mais à une

condition : moitié pour nous, moitié pour toi de ce qu'on prend.

— On fait moitié, c'est entendu.

— Bon, je préviens Théo et Martial, on prend nos affaires et nous partons au port avec toi.

En guise de renforts, Basile aurait préféré mieux. Non que Lucas fût un mauvais marin, bien au contraire, mais c'était un très méchant bougre. Dans le village on l'avait surnommé discrètement le Loup, dont il avait le visage effilé et pointu. Il n'aimait personne et tous le redoutaient, car pour défendre ses intérêts et nuire à ceux des autres, rien ne l'arrêtait : tous les coups lui étaient permis. Quand une filière de casier était sectionnée ou un filet éventré par un coup de couteau, quand une aussière était détendue ou une voile lacérée, quand un caillou brisait un carreau ou qu'un chien était égorgé, on pouvait désigner sans hésitation l'auteur de ces forfaits. Ses nombreux actes de vandalisme avaient, autrefois, engendré de furieuses bagarres au port entre les victimes et le coupable. Parce que Lucas était d'une force sinon comparable à celle de Stanislas, du moins considérable, et qu'il puisait dans sa méchanceté des énergies insoupçonnables, ils devaient s'y mettre à plusieurs pour le châtier. Lucas, en effet, était capable de courir avec un sac de farine lourd de cent kilos sous chaque bras, ou d'amener à quai son gros bateau en tirant l'aussière avec ses dents. Mais, au fil des ans, Lucas trouva en Théo, son fils aîné, un allié précieux. Plus petit, mais avec le même regard vipérin, la même mâchoire forte comme la pince d'un homard, les mêmes épaules, les mêmes bras puissants, Théo était le digne fils de son père. On ne se risquait guère contre ces deux-là. Le deuxième des six fils de Lucas se prénommait Martial, une masse monolithique que rien n'effrayait, ni son père ni son frère dont il aurait pu, à lui tout seul, endiguer les assauts. On se demandait souvent de qui Martial tenait ce caractère paisible, ce visage souriant qui contrastait singulièrement avec les trognes patibulaires des autres membres de sa famille. Même sa mère, Caro, était d'un naturel rouspéteur et querelleur. Martial était gentil. Quand son père et son frère, dont il désapprouvait secrètement les agissements, s'empoignaient, Martial intervenait toujours, plus pour séparer les combattants des deux camps que pour prêter main-forte aux deux forbans de son sang. Quant aux autres garçons de Lucas, leur jeune âge ne leur permettait pas encore de faire parler d'eux, mais on les voyait pousser avec anxiété, car ils avaient de qui tenir et cette hérédité faisait frémir. Inséparables et solidaires, ils formaient une horde qui s'aiguisait les dents sur les autres enfants.

Dans sa situation, Basile n'avait pas le choix des alliances : il prenait ce qu'il trouvait, même si aller à la mer en compagnie d'un tel trio donnait froid dans le dos.

— Dis donc, lui lança Lucas en ressortant de chez lui, suivi de Théo et de Martial, dis donc ! Nous on est trois et vous deux. Le partage moitié-moitié n'est pas juste : faut faire cinq parts, non ?

— Non ! Moi, j'ai un bateau, riposta Basile, et

si mon partage ne te convient pas, libre à toi de ne pas venir. Personne ne t'oblige.

Les muscles des mâchoires du Loup saillirent. Son bateau, le *Joie de mes enfants,* avait été drossé à la côte et ce fut un miracle qu'il n'eût pas coulé. Ahanant et pestant, père, mère et fils, après l'avoir tiré en haut de la plage, s'employaient à réparer l'avarie, une belle brèche sur bâbord avant. Les aussières ayant cédé net par une nuit calme, Lucas ne se trompait guère en voyant là une vengeance anonyme qui était la réponse du berger à la bergère.

— Alors ? demanda Basile ne doutant pas de la réponse.

— On se fait flouer, mais on vient ! grogna Lucas.

Le froid était très vif et les hommes exhalaient des ballonnets de buée. Déposée par le givre, une pellicule de glace rendait le travail pénible. Tous avaient beau être endurcis, ils eurent en un rien de temps les mains engourdies et douloureuses.

— Larguez partout ! ordonna Basile.

De mauvais gré, Numa défit l'aussière avant puis celle arrière qu'il balança à l'eau. Sous l'effet du remous, le *Deo Gratias* s'écarta du quai. Mathias et Martial tenaient les avirons sur le banc de nage à l'avant, Lucas et Théo avaient pris leur place à l'arrière, Basile était à la barre.

Une dizaine de curieux s'étaient regroupés près

de Numa et assistaient au départ. On devinait à leur mutisme, à leurs regards sévères, qu'ils désapprouvaient l'appareillage. Mais en même temps, ils jalousaient les téméraires et leur envie dissimulée leur faisait presque souhaiter l'échec de la sortie.

A peine eut-il franchi le goulet du port, que le *Deo Gratias* fut aussitôt empoigné par la mer difficile, qui arrivait en tous sens et dont les vagues croisées secouaient le bateau furieusement. La coque trapue roulait, se soulevait, puis s'engouffrait en faisant jaillir des gerbes d'écume. Par moments, les avirons battaient l'air et les rameurs avaient du mal à se maintenir sur les bancs. Pour Basile également la tâche n'était pas aisée : maintenir un cap sur une mer aussi hachée, qui venait de partout, était difficile et il lui fallait sans cesse accompagner les ruades et les écarts du *Deo Gratias.* Avec une petite brise, ils auraient pu stabiliser un peu le bateau à l'aide d'un tourmentin et un tape-cul, mais le vent étant absent, la navigation devait s'effectuer sur cet Océan désordonné uniquement à la force des bras.

Devant l'étrave, à un demi-mille des tourelles de la rade, la volaille travaillait. Une centaine de mouettes et de goélands tournaient dans le ciel en lançant des cris gutturaux. Dès qu'un oiseau débusquait une proie, il se laissait tomber comme une pierre. Les mouettes et les goélands avaient repéré un banc de poissons. Le *Deo Gratias,* avec lenteur, se dirigeait vers eux. Il était exclu de mouiller un filet qu'il eût été impossible de venir rechercher. La pêche se ferait avec des lignes. Les engins consistaient en un long filin d'une vingtaine de brasses au bout duquel on arrimait un poids de plomb d'une demi-livre environ. Un autre filin, de préférence plus mince afin d'éviter un trop gros sillage sous l'eau, de quatre ou cinq brasses seulement, était noué à la suite du plomb, et à son extrémité on amarrait un ou deux hameçons appâtés soit avec des petits crabes blancs, soit avec des vers noirs ramassés dans les rochers ou le sable du port. Pour éviter que la ligne ne s'emmêlât, on l'enroulait autour d'un bout de liège.

De plus en plus secoué à mesure qu'il s'écartait de la côte, le *Deo Gratias* approchait de la zone survolée par les oiseaux. Des paquets de mer s'abattaient sur le pont que les rameurs recevaient comme des claques puissantes dans le dos. Personne ne parlait car tous savaient que les mots pompaient les énergies et ne servaient à rien quand il fallait trimer. Perdant de la hauteur, les mouettes planaient juste au-dessus de la tête des hommes en lançant des sons criards qui étaient des invectives à l'adresse des importuns.

— On approche, annonça Basile, qui prend les lignes en premier ?

Mathias rentra son aviron, laissant Martial nager seul sur tribord ; Lucas l'imita et Théo rama seul sur bâbord. Les lignes se trouvaient dans une petite caisse où l'on avait entreposé les vers et les crabes qui rampaient les uns sur les autres pour essayer de fuir. Mathias et Lucas prirent chacun une ligne. Après avoir décroché les hameçons des lièges, ils attrapèrent un crabe gigotant qu'ils embrochèrent, puis l'un et l'autre attendirent que Basile leur ordonnât de les jeter à l'eau. Dans le charivari des oiseaux furieux, Martial et Théo amenèrent enfin le *Deo Gratias* sur son lieu de pêche.

— Filez ! commanda Basile.

Les deux hommes déroulèrent les filins. Les lignes venaient à peine de piquer le fond qu'aussitôt Mathias et Lucas durent les virer : sur chaque hameçon il y avait un congre qui se débattait avec fureur. Les lames frappaient la coque, faisant gîter le bateau jusqu'à la lisse, l'étrave se cabrait puis retombait avec fracas, parfois des cataractes submergeaient tout, mais ces poissons arrachés à l'Océan eurent le mérite de rendre le sourire à ces hommes qui en avaient perdu le goût. La violente secousse qui se répercutait jusque dans les épaules quand les animaux marins gobaient l'appât était ressentie chaque fois avec délice. Le filin trempé et glacé qui cuisait la peau des mains à mesure qu'on le remontait, sans jamais lui laisser de mou, pour que la bête ne pût avoir d'élan pour se débattre et se décrocher, provoquait toujours la même excitation. Basile nommait cela la fièvre de la capture.

19

Longtemps après cette journée de grands tourments dont l'issue, ainsi que nous le verrons, se révéla désastreuse, le maître du *Deo Gratias* et ceux qui se trouvaient à son bord en conservèrent le souvenir d'une pêche faramineuse. Sans relâche, alors que le bateau ruait, se relayant aux lignes, ils sortirent des congres, des bars et de gros lieus jaunes. Par la présence des oiseaux, le destin leur avait indiqué les bancs et évité, comme il arrivait souvent, de longues et vaines recherches. L'air était très froid et les halètements de l'Océan aussi puissants. Le *Deo Gratias* était ballotté durement mais les hommes pêchaient toujours avec frénésie. Le pont était recouvert et encombré de poissons, ils leur marchaient dessus, les repoussaient du pied, en entassaient d'autres qui se tortillaient longuement. Leur poids, au total, devait être considérable car le bateau s'enfonçait maintenant davantage dans l'eau et il peinait à se redresser lorsqu'une vague le heurtait de travers. Basile prit conscience qu'alourdir encore plus le *Deo Gratias* devenait périlleux. La chance avait été avec eux, ils avaient de quoi ravitailler les affamés de l'île. La prudence dictait de regagner l'abri du port.

— Ramenez les lignes, on rentre, dit-il.

A contrecœur, Théo et Martial enroulèrent les filins autour des lièges, les jetèrent vers l'arrière et, après avoir regagné non sans mal les bancs de nage, ils empoignèrent les avirons.

— On vire ! ordonna Basile.

Alors que Mathias et Théo gardaient leurs pales relevées, Lucas et Martial souquèrent ferme sur les rames. Basile s'efforçait de soulager leurs efforts en donnant de la barre. Le *Deo Gratias* était chahuté en tous sens par cette mer hérissée de crêtes verdâtres ; des lames couraient en s'enchevêtrant, certaines d'une longueur impressionnante déboulaient sur l'Océan comme des murailles blanchâtres. Ce fut l'une d'elles, surgie des fonds avec une soudaineté indescriptible, qui mit le bateau en grand danger. Basile, l'ayant vue se gonfler et prendre son élan à moins de cent brasses, poussa la barre et présenta le cul du *Deo Gratias* à la vague déferlante. Le bateau s'éleva si haut que son gouvernail apparut presque en entier puis, dans le craquement sinistre de ses membrures, partit en une glissade vertigineuse qui le fit passer entre des collines mouvantes. Toute intervention humaine était impossible. Une seconde lame se déploya sur le travers, les frappant de plein fouet. La coque verte se coucha sur l'eau, montrant la quille. Toute la lisse du côté bâbord avait été submergée et la mer se précipita en gargouillant. Pendant un moment qui parut interminable le *Deo Gratias* hésita à se redresser, tel un pugiliste saoulé par les coups, prêt à l'abandon. Une troisième vague, moins forte celle-là, voulut lui donner le coup de grâce. Mais le *Deo Gratias* était un brave bateau qui avait de la fierté, et lentement il se releva.

A bord, le spectacle était désolant. L'eau embarquée parvenait presque au ras de la lisse et s'écoulait difficilement par les dalots. Les hommes avaient été projetés sur le plancher. Martial saignait abondamment d'une arcade sourcilière et le sang dilué par l'eau de mer formait un liquide rosâtre sur son visage ; Théo, à moitié assommé, se tenait cramponné à son banc de nage ; Lucas avait réussi à ceinturer le mât et il était d'une pâleur extrême ; Basile s'était agrippé à sa barre avec une énergie farouche. Le premier à surmonter la peur qu'ils venaient de vivre fut Martial. Les yeux écarquillés par l'horreur, il hurla :

— Mathias n'est plus là !

Le matelot manquait. Sans doute surpris par le choc de la seconde lame, il avait été catapulté par-dessus bord sans que personne l'eût remarqué. Alors, les rescapés se mirent debout et, oubliant la mer qui martyrisait le bateau, vraiment fous de chagrin, ils se mirent à crier et à crier le nom de Mathias, tout en fouillant des yeux les vagues. Mais seul le mugissement menaçant de l'Océan leur répondit. On aurait difficilement cru que des êtres si rudes et tannés par les malheurs pussent pleurer. Et pourtant, des larmes glissèrent sur leurs joues. Il fallut se rendre à l'évidence : Mathias avait été emmené par la mer. Désormais, sa longue trogne toujours hirsute et sale, son regard cynique, son sourire un peu narquois ne leur apparaîtraient plus. Mathias était allé rejoindre tous ces matelots qui peuplaient le vaste cimetière sans croix ni fleurs des abîmes marins.

— Maudit Océan ! gueula Lucas en lui montrant le poing.

— C'est nous les maudits ! rectifia Basile qui se sentait de plus en plus submergé par le remords d'avoir perdu son matelot, de les avoir entraînés dans cette aventure qui se soldait par un drame.

Sous les coups de boutoir de la mer qui avaient couché le bateau au point limite du chavirage, qui avaient inondé son pont, la pêche avait été emportée par les flots tourbillonnants. A part quelques poissons coincés sous les bancs de nage ou dans certaines fissures du plancher, l'Océan avait récupéré son bien, emportant également des cordages, les caisses et un aviron en supplément.

Jamais retour ne fut aussi triste. Même quand Ange avait fracassé son premier bateau sur un rocher de l'est et qu'on l'avait repêché flottant à demi mort sur l'eau, des côtes et une jambe cassées, qu'il râlait sur le pont du *Berceau des Martyrs*, bras en croix sous la boucaille, la douleur n'avait pas été si vive. Et pourtant les deux matelots d'Ange avaient disparu et l'Océan ne rendit jamais leurs corps.

Ce n'étaient pas les souvenirs malheureux qui

manquaient. Et la mer n'était pas la seule coupable. La terre aussi prodiguait ses tourments. Certaines agonies d'enfants avaient fait douter de la bonté de Dieu. La fille d'Adrien était morte en bas âge d'une péritonite. Le fils de Pierre-Marie avait été retrouvé sous les décombres d'une vieille maison en ruine où il jouait, dont le pignon s'était effondré. L'unique fils d'Antoine avait vécu de longues souffrances avant que la mort ne le délivrât. Le mal avait débuté par une petite toux comme en avaient souvent les enfants et à laquelle on n'avait guère prêté attention. C'était pendant un hiver pluvieux. La toux, devenue incessante, déchirait la poitrine de l'enfant qui s'étiolait et au bout d'un certain temps dut s'aliter. Antoine était méconnaissable tant le chagrin l'affectait. Lui qui n'allait jamais à la messe se rendait chaque jour à l'église prier le Seigneur qu'il épargnât son fils. Mais les volontés divines étant souvent incompréhensibles, l'enfant d'Antoine mourut étouffé par ses quintes, après avoir répété dans un souffle chaque fois plus ténu : « J'ai le feu dans la poitrine. » C'était un matin de février frais, gris, lugubre. Les yeux de l'enfant s'étaient agrandis. Il y avait de la stupeur dans ce regard bleu qui déjà n'entrevoyait plus son monde, comme une question silencieuse adressée aux adultes en qui il avait eu tellement confiance puisqu'ils savaient tout, mais qui n'avaient su le guérir. Et puis, ses traits s'étaient enfin détendus. Le recteur, qui était M. Thomas, accouru pour l'extrême-onction, avait dit :

— Le Seigneur l'a rappelé à lui.

— Le Seigneur aurait mieux fait de vous rappeler, vous ! avait rugi Antoine dont le visage était déformé par des grimaces de chagrin.

C'était un phénomène étrange, mais tous l'avaient remarqué. Quand on portait les petits cercueils recouverts d'un drap ivoiré au cimetière, un profond silence recouvrait l'île. Le vent, la mer, les oiseaux se taisaient soudainement comme s'ils voulaient unir leur réprobation au chagrin des humains, comme s'ils voulaient dire au ciel que les larmes d'un enfant, la mort d'un enfant étaient indignes de sa puissance.

Quand le *Deo Gratias* regagna son quai il y avait foule pour l'attendre. Ces hommes qui débarquaient, encore hébétés, exténués, trempés de la tête aux pieds, les bottes pleines d'eau, grelottants, suscitaient la compassion. Depuis la côte on avait suivi leurs évolutions, partagé leurs misères, craint pour eux et chacun savait ce qu'ils avaient enduré. On les aida à amarrer le bateau, on les aida à remonter sur le quai, on les aida à ôter leurs cirés. L'île semblait avoir retrouvé sa solidarité perdue. Personne ne parlait. La compréhension ne se manifestait qu'à travers les expressions ou les gestes amicaux, car ils étaient des gens comme ça, peu expansifs. Ainsi, la mère de Mathias, quand elle comprit sans que l'on eût besoin de lui parler que désormais elle n'entendrait plus chantonner son fils, n'eut pas un cri, pas une récrimination, pas une lamentation. Elle prit simplement son visage entre ses mains, et se détourna pour pleurer discrètement. La vieille Victoire passa son bras autour des épaules de son amie et l'entraîna doucement vers la route qui ramenait au village. Ce n'était pas la première fois qu'un bateau rossé par la mer rentrait au port en ayant perdu des hommes, mais Victoire, malgré sa pugnacité, comme toutes les femmes, ne s'était jamais résignée aux triomphes de l'Océan.

Les nuages bas, qui jusque-là paraissaient stagner sur l'île, commençaient à s'ébranler et l'on pouvait apercevoir loin dans le nord-est de larges déchirures bleues annonciatrices du retour du vent. Avec brusquerie Basile avait écarté ceux et celles qui s'étaient approchés de lui pour le réconforter. L'eau dégoulinait de ses vêtements imbibés et formait une flaque à ses pieds. Par moments, malgré lui, des images de ce qu'il venait de vivre lui revenaient à la mémoire, de vieux souvenirs de Mathias ressuscitaient, avivant sa souffrance.

Se détachant du muret du quai où il s'était posté, et d'où il avait tout vu, Numa cédant à une impulsion enfantine courut vers Basile et se serra contre son gros tricot mouillé. A aucun moment de sa vie l'adolescent n'avait agi ainsi. Sa mère ne lui avait pas donné de père et il s'en était fort bien accommodé. A vrai dire, d'après les confidences que lui livraient ses camarades des comportements paternels, il s'était même réjoui de ne pas avoir à subir ce joug masculin dans sa maison. Mais Basile, c'était différent. A douze ans passés, Numa savait bien des choses de la vie, enfin de ces choses qui déniaisaient et servaient pour vivre. Il savait qu'avec un bon élastique et une solide branche en fourche on disposait d'un redoutable lance-pierres qui permettait de faucher un lièvre sortant de son gîte ou des moineaux sur leurs branches, et que lièvre et moineaux étaient délicieux dans une casserole. Il savait qu'avec une fourche légère on pouvait, aux petites marées d'été, embrocher les soles enfouies dans le sable blanc des plages. Il savait que les enfants sortaient du ventre de leur mère, ne serait-ce que pour avoir vu les vaches vêler et surpris des couples dans les tamaris. Mais Numa avait appris aussi que si une femme pouvait apporter sa tendresse et sa patience — et sur ces points Jeanne, sa mère, avait été exemplaire — seul un homme pouvait lui enseigner la mer et l'aguerrir à endurer le mal et l'injustice. L'homme que Numa avait choisi comme modèle était Basile. Malgré lui, il en parodiait la démarche lente et souple, l'attitude voûtée quand il s'attablait en croisant les bras, la manière de boire à petites gorgées lentes lorsque le patron, au retour du port, lui payait une limonade au café. Comme Basile — et cela lui demandait de juguler son exubérance — l'adolescent s'efforçait à la discrétion, à la réserve, essayait de parler peu, faisant semblant de réfléchir avant de répondre. Parfois, il était arrivé que le patron et le mousse partissent faire le tour de la côte à la recherche de coquillages ou explorassent les champs pour cueillir des champignons ou des herbes médicinales. Basile expliquait le pourquoi des choses et Numa, ébloui, estimait qu'il avait de la chance d'être né mâle pour devenir un homme.

Aussi loin que remontaient ses souvenirs, le garçon n'avait jamais vu Basile aussi désemparé. Pendant tous ces jours qui succédèrent à la noyade de Mathias et que le patron du *Deo Gratias* passa cloîtré chez lui, seul Numa fut autorisé à pénétrer dans la maison et à rester assis près de son maître. La lampe à pétrole était éteinte, Basile et Numa restaient longuement assis sur le banc, silencieux dans la pénombre, tandis qu'Adèle préparait la soupe au goémon. Par instants le regard de l'homme croisait celui du garçon, Basile souriait, et tout ce qu'il savait faire pour manifester son affection se bornait à passer la main dans les cheveux de Numa.

20

Les jours avaient continué de filer sans apporter d'amélioration au sort commun. Grincheux et tendus, les gens vivaient repliés sur eux-mêmes et leur désœuvrement forcé exacerbait leur obsession de la faim. Sentant combien les esprits étaient chauffés à blanc et ses ouailles prêtes à mordre, le recteur avait instauré des services religieux à la tombée du jour avec d'interminables prédications et cantiques destinés à faire revenir le Bon Dieu à de meilleurs sentiments. La faim était telle que même les mécréants s'étaient joints aux bigots et se rendaient à l'église, disposés à invoquer n'importe quel saint du Paradis pourvu qu'il expédiât de quoi manger. Mais M. Dolivier ne se leurrait guère et, parce qu'il commençait à bien connaître ses sujets, il savait que tant de prières non exaucées détourneraient les fidèles, dès qu'ils constateraient que la médication spirituelle n'apaiserait pas les spasmes douloureux de leurs viscères affamés.

Un soir, alors que le service allait débuter, il y eut un moment de curiosité bienveillante quand Jeanne, soutenue par sœur Céline et Numa, pénétra dans l'église, offrant ainsi au Seigneur ses premiers pas de convalescente. Agenouillée sur le premier banc des femmes, encore très pâle et affaiblie, Jeanne écouta attentivement le recteur qui dans son prêche tentait de consoler les assistants en se livrant avec emphase à une comparaison ardue entre les malheurs de Jésus, cloué sur sa croix, et les sacrifices endurés par les îliens. Mais la flatteuse confrontation avec le divin crucifié ne rassérénait pas les âmes dans la disette.

Après cette pieuse sortie, Jeanne prit l'habitude de se rendre au couvent, en fin de matinée, escortée de sa marmaille, pour partager les maigres repas des sœurs, jouer et bercer Antoine qui allait bien. Numa, lui, se débarrassait en quelques bouchées de sa pitance puis, dès qu'il avait baisé la main de sœur Thérèse et dit merci, le mousse courait chez Basile pour lui tenir compagnie.

Dire avec exactitude quand la scène qui opposa les hommes eut lieu serait difficile à établir car M. Dolivier ne possédait pas la rigueur de M. Thomas pour tenir à jour les livres de sa paroisse. Il portait ses annotations d'une calligraphie ronde, fine et bien lisible, mais pour les dates il était d'une grande légèreté. Certains survivants de cette époque néfaste la situèrent, avec toutes les imprécisions possibles imputables au temps et aux défaillances des mémoires, à une dizaine de journées après la disparition de Mathias.

Numa, après avoir frappé, était entré selon son habitude sans attendre qu'on l'y invitât. Adèle, qui paraissait sommeiller sur un banc au fond de la cuisine dans la pénombre, leva la tête et dit :

— Basile est sorti, mon garçon.

— Il aurait pu m'attendre, Adèle, il savait bien que j'allais venir ! s'exclama Numa, peiné par cette infidélité.

— Ne sois pas contrarié, mousse. Antoine est passé le prévenir que du goémon dérivait vers la côte. Alors, il a mis ses bottes, pris sa fourche et il est allé rejoindre les autres hommes. Tu sais, il ne faut pas traîner si on veut avoir sa part.

— Où sont-ils partis, Adèle ?

— Sur la plage des Saouls, mon garçon, il y a moins d'une demi-heure.

Numa s'était mis en route. En exagérant l'amplitude de ses foulées pour ressembler aux adultes, il avait traversé le village puis, s'écartant de la route, il s'était engagé à travers le champ du sud-ouest qui conduisait au rassemblement des hommes. Le vent du nord-est n'était pas fort mais il charriait un air très frais qui transperçait les os. A mesure qu'il approchait, Numa ralentissait son allure, saisi d'une certaine crainte. Les enfants et même bon nombre de grandes personnes ne se rendaient jamais à la plage des Saouls car, après ce qui s'y était passé, plusieurs années auparavant, bien avant la naissance de Numa, on prétendait qu'elle attirait les maléfices. La longue bande de sable était délimitée à ses extrémités par deux énormes rochers sur lesquels, autrefois, on allumait des feux la nuit pour tromper les navires. C'était surtout l'énorme masse rocailleuse qui se dressait en plein ouest qui était impressionnante. Surmontée de deux gros blocs de granit sombres et plats collés l'un à l'autre à leur base mais qui s'écartaient en s'élevant, elle faisait penser à une gigantesque gueule ouverte sur le large, prête à happer. Au soleil couchant, vue de la mer, elle était effrayante.

Ce fut justement à moins d'un demi-mille marin de ce bout de côte qu'un incident sans précédent, au déroulement de farce macabre, indigna la communauté. Le rôle de la mort, par l'excès de ses interventions pourrait sembler exagéré et laisser croire que cette population restreinte s'adonnait avec une sorte de complaisance à la nécrologie. Mais l'île n'était pas la ville où les âmes trépassaient sans susciter d'intérêt ni de regrets, excepté chez les parents proches, quoique la gaieté qui régnait dans les banquets après les funérailles pût faire douter de l'amplitude du chagrin. Dans l'île, il n'existait pas d'inconnus. Aussi, chaque mort en s'en allant vers le cimetière provoquait chez certains d'amères doléances, chez d'autres de malignes réjouissances, mais jamais de l'indifférence.

Pour en revenir à l'incident de la plage des Saouls, voici ce qui s'y était passé. A la suite d'une chute dans la cale de son bateau, lors d'une escale sur le continent, Alcide, qui était le père de Stanislas et de Clovis, fut transporté dans un hôpital où, malgré les soins qui lui furent prodigués, il succomba. Un bateau de là-bas avait accepté de rapatrier le corps moyennant l'autorisation de pouvoir pêcher paisiblement dans les eaux réputées poissonneuses de l'île. On attendait donc l'arrivée du voilier et le retour d'Alcide. Le vent s'était levé du secteur sud-ouest, ce n'était pas du vrai mauvais temps, mais il s'était formé un bon clapot quand le bateau à la coque noire et aux voiles rouges apparut. A cause de la basse mer qui l'empêchait d'entrer dans le port, il fut promptement décidé qu'un gros canot à rames irait au-devant des étrangers si aimables de rapporter le cadavre. Le bateau convoyeur, après avoir viré, s'était mis debout au vent, ses voiles affalées, et tanguait tranquillement devant la longue plage flanquée des deux rochers. Ange, qui à l'époque était à peine un jeune homme, faisait partie des rameurs qui tiraient l'embarcation des îliens et il se souvenait qu'à mesure qu'ils approchaient du voilier, noir comme un corbillard, ils avaient noté une agitation insolite sur son pont. Enfin, quand ils furent sous son vent, Ange avait lancé une aussière afin de se maintenir bord à bord. Un type aux cheveux ébouriffés avec une tête carrée de bouledogue s'était penché vers eux.

— C'est pourquoi ? avait-il demandé d'une voix rauque à croire qu'on le dérangeait dans une occupation importante.

— Ben, avait répondu Ange, on vient chercher le cercueil !

— Un moment, avait dit l'autre en disparaissant

Trois autres fois, trois têtes différentes étaient venues poser la même question et chaque fois Ange, de plus en plus excédé, avait fourni la même réponse.

Longtemps ils avaient attendu dans le canot qui se balançait sèchement, en veillant à ne pas tosser contre la grosse coque sombre.

— Mais, qu'est-ce qu'ils foutent ? s'était impatienté l'un des compagnons d'Ange.

— Ils foutent qu'ils sont saouls comme de grosses vaches qu'ils sont ! lui avait-il expliqué, très contrarié.

Au terme de cette longue attente, il y eut tout de même un raffut de pas sur le pont des étrangers, puis des éclats de voix. En tendant le cou, car le voilier était plus haut qu'eux sur l'eau, Ange aperçut les quatre hommes en train de traîner le cercueil d'Alcide. Le transport s'effectuait non sans mal à cause de leur ivresse et tout en tirant, en poussant, ils se balançaient les uns les autres d'énormes baffes au visage. L'affaire débutait mal, mais nul ne pouvait prévoir que l'épilogue serait navrant.

— Eh ! Vous voulez un coup de main ? avait proposé Ange qui s'inquiétait de la tournure que prenait le transbordement.

Pas de réponse. En titubant et s'assenant des gnons, les quatre croque-morts occasionnels étaient néanmoins parvenus jusqu'à la rambarde de leur bateau. Une nouvelle échauffourée s'était encore déclenchée lorsque celui qui devait être le patron à bord avait extirpé on ne savait d'où — Ange n'avait pu le voir — une bouteille de vin rouge, qu'il avait portée à ses lèvres. Sans aucun respect de la hiérarchie, ses matelots s'étaient ligués contre lui pour la lui arracher et boire à leur tour. L'un d'eux y étant parvenu, s'était enfui, pourchassé sur le pont par le maître de bord flageolant qui débitait un chapelet d'invectives et de menaces.

« Lamentable ! » avaient pensé Ange et ses compagnons, ulcérés que l'on pût si mal se conduire et faire attendre un mort. Ils n'étaient pas au bout de leur consternation. Après que le patron fut de retour, il avait annoncé d'une voix vaseuse : « Bon, cette fois-ci, on y va sans mollir, les gars. Allez, hop ! » De nouveau, le cercueil fut levé et reposé brutalement sur la lisse. Plus de la moitié était dans le vide et à cause du clapot, à cause de l'ivresse des transporteurs, il oscillait dangereusement. On sentait bien qu'avec ce quatuor d'ivrognes, il risquait à tout moment de basculer à l'eau, aussi ceux du canot se tenaient-ils prêts à le saisir au vol.

Le cercueil, malmené par ceux d'en haut qui retenaient et ceux d'en bas qui tiraient, ne cessait de cogner et rebondir durement : c'était du sapin blanc vulgaire, que l'humidité de la mer faisait travailler, mal raboté, bien râpeux, fabriqué à la hâte, cloué à la va-vite. Les mauvais traitements subis à bord, les chocs réitérés sur la rambarde firent perdre leur tête à bon nombre de clous. Alors les planches du couvercle commencèrent à s'entrebâiller. Mais les hommes étaient tellement absorbés par leurs manipulations scabreuses que ce détail leur échappa. Ils ne cessaient de se crier des conseils et des ordres, s'affairant avec une absence totale de coordination des gestes, tirant quand il eût fallu lâcher, donnant du mou quand il eût fallu raidir. Le désastre et la honte étaient imminents. Le cercueil se trouvait perpendiculaire à la coque noire, plus tout à fait sur le voilier, pas encore sur le canot, quand les deux planches qui formaient le couvercle, abandonnées par leurs derniers clous, giclèrent comme poussées par des ressorts.

Et Alcide apparut. Dans le cercueil grand ouvert, sa raideur cadavérique le faisait ressembler à une sentinelle statufiée dans sa guérite. Ses yeux à demi ouverts et le pli amer au coin de ses lèvres faisaient penser que sa mort l'avait contrarié et qu'il mijotait un sale coup à ses survivants. Soudain, ceux du canot que l'apparition avait figés virent Alcide se décoller du fond de la boîte puis, mains croisées sur la poitrine, bien droit, piquer une tête dans la mer. Sur les deux bateaux, le plongeon provoqua un moment de stupeur intense que le mort mit à profit pour prendre la fuite.

— Rattrapez-le ! criait le patron du voilier.

Mais Alcide pris par le courant taillait sa route vers le large, flottant entre deux eaux, tel un marsouin. Sur le canot d'Ange, après un début de débandade durant lequel plus personne ne savait que faire pour remédier à l'escapade du cadavre, les hommes avaient saisi leurs avirons, repris leur place sur les bancs de nage après que l'on eut largué l'aussière. La course-poursuite débuta. Il fallait se dépêcher car le mort risquait de couler à pic, aussi les rameurs tiraient-ils furieusement sur leurs rames.

Las ! Malgré leur ardeur, ils ne furent pas suffisamment lestes. Le canot n'était plus qu'à deux ou trois brasses de lui lorsqu'Alcide s'enfonça brusquement dans la mer et disparut à jamais. Sur le pont du voilier noir, se désintéressant de tout, les quatre ivrognes avaient recommencé à se tabasser à qui mieux mieux.

A la suite de cette mémorable journée vexatoire, la longue bande de sable blanc fut baptisée la plage des Saouls et on ne la fréquenta plus guère. Des filets mouillés à quelques encâblures d'elle furent emportés, deux enfants s'y noyèrent, une vache s'y fractura une patte, une femme qui pêchait du goémon fit une fausse couche. Il n'en fallait pas davantage pour qu'on lui attribuât un pouvoir maléfique.

Tout cela expliquait pourquoi Numa s'en approchait, la gorge nouée par l'appréhension. Il n'y avait pas un nuage dans le ciel qui avait cette coloration d'un bleu très doux particulier à l'hiver. Pendant un long moment le mousse s'arrêta pour observer un gros cargo qui avançait au loin sur le rail de la ligne d'horizon, cap à l'ouest, en route peut-être pour l'Amérique. Le bout du nez et les oreilles rougis par le froid, Numa se remit en marche. Du champ où il se trouvait il ne pouvait apercevoir encore la plage maudite qui se trouvait en contrebas mais des voix lui parvinrent, d'abord indistinctement à cause de la distance et du halètement de la mer. Numa sauta un muret effrangé par un coup de vent que personne n'avait rebâti, contourna la bicoque du four à pain où les femmes, à tour de rôle, cuisaient leurs grosses boules du temps où il y avait du blé. Depuis longtemps on n'y mettait plus les pieds. A force de battre sous les rafales, la porte en était presque arrachée et quelques chiens avaient fait du four leur niche. Quant aux bancs qui se trouvaient à l'entrée, ils gisaient renversés dans la broussaille. Il y avait longtemps que Numa n'était passé par là et le spectacle du four à l'abandon lui serra le cœur. Avant, l'endroit était joyeux. Les deux femmes de l'île, Victoire et Adèle — toujours une vieille et une jeune — qui avaient reçu la grâce de Dieu pour pétrir le levain, alignaient les bonnes miches rondes et dorées à refroidir sur les bancs ; sur chaque boule elles avaient gravé les initiales des familles. Tandis que les pains prenaient le frais, femmes et enfants conversaient et jouaient. C'était le bon temps.

Les voix des hommes, maintenant, parvenaient clairement à Numa et il réalisa avec inquiétude qu'ils se querellaient. Avec cet instinct des enfants qui pressentaient quand le spectacle qu'ils allaient découvrir n'était pas de leur âge, Numa se tint debout tant qu'il fut hors de la vue des hommes. Mais parvenu à la lisière du champ, à l'endroit où il amorçait sa descente vers la plage, le mousse se mit à ramper dans l'herbe. Malgré ses contorsions, la terre froide le glaça jusqu'aux os. Tremblant de la tête aux pieds, il avança encore de quelques mètres, écarta les hautes herbes et il les vit. La frayeur qu'il éprouva le fit presque vomir.

A moins de cinquante pas de lui, dans l'eau jusqu'aux hanches et certains même jusqu'aux aisselles, une vingtaine d'hommes se battaient, confondus dans une mêlée où personne n'avait d'alliés mais où tous étaient des ennemis. Ils se battaient à coups de fourche, hargneusement, impitoyablement, et le ressac couvrait les plaintes des blessés. Quelques-uns, fuyant le combat, reposaient sur la grève perdant leur sang de leurs plaies. D'autres, traçant de profonds sillages dans le sable, rampaient vers la dune. Ils se battaient avec furie, car les lianes de goémon étant rares, il n'y en aurait pas pour tout le monde.

On ne sut jamais qui déclencha la bataille. Plus tard on prétendit que ce furent Stanislas et Lucas qui, parce qu'un voisin avait enfourché des algues qu'ils convoitaient, avaient décoché les premiers coups. Basile, lui, se trouva opposé à Antoine pour le même motif. Pas un instant, ils ne pensèrent qu'ils se connaissaient depuis l'enfance et qu'ils avaient tant de souvenirs en commun. La faim et la rage les dressèrent impitoyablement l'un contre l'autre. Ce ne fut que lorsque la fourche de Basile s'abattit en fracassant le bras de son rival, lorsqu'il entendit le craquement de l'os et qu'il aperçut dans le regard d'Antoine une souffrance si forte qu'elle étouffa tout gémissement, ce ne fut qu'à ce moment-là et à ce prix-là que Basile réalisa l'horreur de leur affrontement. Il fut l'un des rares à céder à la pitié. Oubliant sa faim, sa fureur tombée d'un coup, il lâcha sa fourche et se porta au secours d'Antoine. De son observatoire Numa vit son patron soutenir le matelot, l'aider à sortir de la mer et remonter la plage. Tous deux, dans leurs vêtements trempés, claquaient des dents à cause du froid. Leurs visages étaient d'une pâleur impressionnante. Déjà, et cela se devinait à son comportement, à ses gestes pataufs qu'il voulait secourables, le remords tourmentait Basile tandis qu'il escortait Antoine grimaçant de douleur sur le sentier sablonneux qui conduisait au village.

Il y aurait beaucoup à dire sur la sauvagerie qui incita ces hommes à s'affronter avec tant de violence, sur cette haine qui les embrasait, leur faisant renier ce lambeau de terre qui était leur unique bien et dans lequel ils se sentaient captifs comme dans une cage aux barreaux d'écume. Il y aurait à dire également sur la fragilité des amitiés confrontées à l'adversité, à la misère.

Le retour des premiers éclopés donna l'alerte dans le village. Adrien portait une longue estafilade sur une joue d'où s'échappait le sang et, souffrant des coups reçus, se traînait en piteux état. Lucas aussi, l'un des instigateurs, avait reçu un coup de fourche dont une dent lui avait transpercé la main gauche qu'il exhibait, stigmate nauséabond d'une lutte avilissante. D'autres arrivaient encore, mal en point et hagards, et les femmes qui s'étaient rassemblées sur leur passage, loin de les consoler, les abreuvaient d'injures, leur faisaient savoir crûment combien elles jugeaient leur affrontement déshonorant.

Bien que transi de froid, Numa ne quittait pas son poste de crainte de révéler sa présence. Il assista donc à l'arrivée du maire et du recteur sur la plage des Saouls. Résolument, Pierre-Marie et M. Dolivier entrèrent dans l'eau pour séparer les combattants.

— Méfiez-vous, monsieur le recteur, ils sont devenus fous ! l'avait mis en garde le maire.

Le conseil était superflu et Pierre-Marie se souvint, bien que le moment ne s'y prêtât guère, que le prêtre, lors de son arrivée, lui avait confié avoir appris le noble art.

Et, de fait, M. Dolivier avait un sacré coup de poing. Sa soutane relevée et nouée autour de la taille qui découvrait son caleçon long et blanc, l'abbé allongeait des directs et plaçait des uppercuts, provoquant des ravages parmi ses ouailles. « Revenez dans la paix du Seigneur », leur criait-il en cognant à tour de bras, ne réalisant pas l'antinomie qui existait entre ses paroles et ses actes. De son côté, Pierre-Marie ne chômait pas. Son style était moins peaufiné, mais il frappait comme un sourd, insultant ses administrés, pochant des yeux, tuméfiant des lèvres, écrasant des cartilages. Celui sur qui il s'acharna voluptueusement, et dont il maintint longuement la tête sous l'eau tant qu'il ne sentit pas le corps se ramollir, fut Stanislas. La mer était glacée. Quand le maire traîna le vaincu sur la plage son visage était bleu, mais il respirait encore.

L'ordre était revenu. Les derniers combattants aux vêtements gorgés d'eau, exténués, s'avançaient en traînant la semelle, dans cet ordre épars typique aux troupes en déroute, houspillés, poussés, bousculés sans compassion par le recteur et le maire qui avaient des airs de gardes-chiourme.

Toujours tapi dans l'herbe haute, Numa attendit qu'ils eussent disparu avant de se remettre debout, tout tremblant d'émotion et de froid. Tête basse, misérable, il reprit la route du retour, et dès qu'il parvint aux premières maisons, à l'attitude des rares personnes qui stationnaient dans les ruelles, aux cris étouffés qui s'échappaient des maisons, il comprit aussitôt que ce qui s'était passé sur la plage des Saouls venait de porter un coup fatal à l'île.

Pendant un bref moment, Numa hésita entre rentrer chez lui donner un coup de main à sa mère en allant chercher du bois pour le feu, ou passer chez Basile. Il opta pour Basile. En cours de route il croisa Pierre-Marie qui, toujours dans ses vêtements mouillés, sortait du presbytère et qui lui conseilla durement de ne pas traîner dans les rues. Il rencontra aussi des hommes qui se dirigeaient penauds et chancelants vers le couvent où sœur Céline soignerait leurs blessures.

En apparence, le calme était revenu dans le village mais l'on sentait une certaine effervescence dans l'air. Ce n'était pas comme à la suite d'un grand cataclysme, quand la population exhibe son chagrin, rôde et fouille parmi les ruines en dénombrant ses victimes. Là, au contraire, les rues du pays étaient vides, les gens s'étaient cachés chez eux et, si décombres il y avait, ils se trouvaient enfouis dans leurs cœurs. L'étendue de l'événement qui venait de se produire n'était pas encore mesurable, mais tous avaient la certitude que les conséquences en seraient irréparables. Les blessures guériraient mais elles avaient été si profondes que les cicatrices demeuraient indélébiles et n'accorderaient plus jamais aux hommes les bienfaits de l'oubli. La communauté du large venait de perdre irrémédiablement la faculté du pardon. Désormais elle allait arpenter les sentiers de la solitude.

Numa, malgré son extrême jeunesse, eut la prescience de ce grand chambardement des âmes quand il frappa à la porte de Basile. Personne ne lui dit d'entrer et, pour la première fois, il n'osa ouvrir. L'oreille tendue, il resta, espérant une réponse, mais Adèle, tapie sur son banc dans le fond de la cuisine, ne bougea pas. Quant à Basile, il gisait prostré sur son lit.

Mélancoliquement, Numa prit la route de sa maison. M. Dolivier, ce soir-là, célébra l'office religieux pour sœurs Thérèse et Céline uniquement.

21

L'idée avait germé dès que les premiers beaux jours furent de retour, un peu après la mi-mars. Les ondulations de l'Océan s'étaient apaisées et le bleu du ciel, jusque-là si terne, commençait à retrouver de sa brillance. Enfin le soleil se réchauffait. Mais cette luminosité qu'apportait le printemps, en repoussant l'ombre de l'hiver, éclairait davantage la condition précaire de l'île. La mauvaise herbe avait poussé partout, symbolisant la capitulation des hommes.

Le premier qui en parla fut Ange. Il lui avait fallu plus de temps qu'aux autres pour se remettre des terribles coups reçus dans les eaux de la plage des Saouls. Il avait fait partie de ceux que l'épuisement et les souffrances avaient terrassés lors du retour et que le recteur avait portés sur son dos jusqu'à leur maison. Pendant d'interminables journées il était resté dans son lit, incapable de bouger tellement le moindre geste ravivait sa douleur. Ange avait subi une lourde punition. Quand ils avaient vu sa fourche ramasser un bon poids d'algues, Stanislas et Lucas s'étaient associés pour l'attaquer et le déposséder de son bien. L'erreur d'Ange fut de vouloir s'enfuir en l'emportant. Il n'avait pas fait trois enjambées vers la plage que Stanislas le clouait sur place en lui plantant les dents de sa fourche dans les côtes. Malgré les brûlures de la blessure, Ange tenta de lui faire face mais Lucas lui ayant balancé un coup à la volée avec le manche de son outil le projeta à quatre pattes dans l'eau. A partir de cet instant, le patron du *Benedictus* perdait toute notion précise des faits, se souvenant seulement avoir pu ramper dans le sable où la douleur, le froid, la rage et le désespoir lui firent perdre connaissance.

Ce ne fut que bien des journées plus tard, quand les plaies et les contusions furent moins douloureuses, qu'Ange commença à ruminer son projet. A mesure qu'il retrouvait ses forces, le ressentiment qu'il éprouvait à l'égard de ceux qu'il croyait ses amis ou de simples compagnons de vie, ce ressentiment dominait toutes ses pensées. Pour lui, après tout ce qui venait de se produire, l'île était morte et ceux qui la peuplaient ne lui semblaient plus que des ombres. Son amertume et sa rancune devinrent si dominatrices que, même si un jour lointain la vie pouvait renaître sur leur terre, Ange se sentait incapable de coexister auprès de gens qui, désormais, ne lui apparaîtraient plus que comme des forbans. Alors, un soir, après avoir gobé sa dernière moule, le ventre creux à la fin du dîner, il annonça à Séraphine, sa femme, et d'un ton sans appel :

— J'ai bien réfléchi, on va partir. En exil !

Voilà. Pour la première fois, le mot venait d'être

prononcé dans l'île. Comme toutes les femmes, l'épouse d'Ange n'avait jamais quitté l'île et pour elle le continent que l'on apercevait était tout aussi mystérieux, inquiétant et lointain que la lune ou le soleil.

— Mais où irons-nous ? Et comment vivrons-nous ?

— Sur le bateau.

La décision d'Ange était irrévocable. Sa première sortie de convalescent fut consacrée à une visite minutieuse de son *Benedictus,* mais grâce au ciel rien ne manquait à bord. D'autres hommes s'affairaient sur leur pont en de vagues bricolages destinés à tuer le temps. Certains baissèrent la tête quand Ange apparut, d'autres le saluèrent, mais il ne répondit à personne, voulant signifier par son silence qu'il n'était plus des leurs.

Séraphine était la femme d'Ange. Prénom ravissant pour une épouse au visage plutôt ingrat, avec des petits yeux ronds et noirs, un nez très longs qui se relevait comme une trompe et une bouche aux lèvres toujours plissées qui ne laissait échapper que des gémissements. Séraphine était un personnage sans attraits, insignifiante, mais son défaut majeur, outre un pessimisme naturel exagéré, était le bavardage. Si en présence d'Ange elle avait appris à se taire — car elle le craignait plus que tout —, une fois libérée de la présence maritale, Séraphine se délectait à débiter des mots, moins pour le plaisir d'émettre son opinion que pour faire du bruit avec sa voix grinçante comme une crécelle. Le matin qu'Ange passa à inspecter ses cordages, sa voilure, l'état de sa cale, l'usure de la peinture de sa coque, Séraphine en profita pour annoncer à ses amies la nouvelle concernant la résolution prise par son époux. Aussi, quand vers midi Ange rentra du port, tout le pays savait. En d'autres circonstances, l'indiscrétion de Séraphine l'eût mis en rage car, depuis leur mariage, il n'avait cessé de s'emporter contre ses commérages. Mais, ce jour-là, il se contenta de lui décocher un regard sans aménité. Après tout, il ne la changerait jamais et ce qui importait à ses yeux c'était qu'elle obéît à ses ordres : sur ce plan-là, du moins, Séraphine se révélait parfaite. De leur chambre à coucher où il inventoriait leurs affaires, il lui dit :

— La marée force. Nous partirons après-demain à l'aube.

Prétextant une corvée, Séraphine sortit et une fois de plus parla. Ainsi, l'île sut même la date exacte du départ. Alors, il se produisit un phénomène que M. Dolivier taxa de contagion et qui fit sortir la population de sa léthargie. Ce qui était l'exil de l'un des leurs allait brusquement se métamorphoser en exode massif. Et rien, aucun argument, aucun raisonnement ne put freiner les préparatifs de l'abandon. Tous n'étaient pas partants et l'on put même, au début, noter un certain mépris à l'égard des fuyards que Pierre-Marie appelait les rats. Mais le nombre de ceux qui avaient choisi de demeurer sur leur terre diminua sous la pression des femmes et notamment des mères.

Quand M. Dolivier tenta d'exhorter Caro à moins d'empressement et à davantage de réflexion, lui expliquant qu'avec le retour du beau temps et le renouveau de la pêche la disette cesserait, la femme de Lucas lui répondit sans même le regarder tant elle était affairée à empiler ses affaires dans des caisses :

— C'est trop tard, monsieur le recteur ! Maintenant il y a trop de méchanceté dans l'île et les hommes finiront par s'entre-tuer. Alors, il vaut mieux aller ailleurs...

— Mais que ferez-vous ailleurs ? Que trouverez-vous de plus ?

— On travaillera, monsieur le recteur.

— Et serez-vous plus heureux, Caro ?

— Est-ce que nous l'étions ici, monsieur le recteur ?

A l'autre bout du pays, Pierre-Marie s'efforçait de faire revenir Ange sur sa décision. Le maire pensait que s'il pouvait l'amener à renoncer à son projet, ceux qu'il avait ralliés sous sa bannière ne tarderaient pas à l'imiter. Pour cela, il usa de tous les arguments qui étaient en son pouvoir. Ange et lui avaient le même âge. Pierre-Marie évoqua leurs souvenirs d'enfance et d'école quand ils enduisaient de goudron la chaise de sœur Thérèse. Il rappela leur premier embarquement et la première fille qu'ils s'étaient offerte un soir, lors d'une bordée, du temps où ils étaient sous les drapeaux. Il lui parla des pêches qu'ils avaient faites. Il lui dit enfin qu'un homme ne devait jamais renier la terre où étaient ensevelis ses ancêtres. Ange, qui durant toute la tirade n'avait pas desserré les dents, continuant de démonter son armoire, se redressa. Son regard était sec, mais ses lèvres tremblaient. Avec des gestes saccadés et imprécis qui trahissaient sa détresse mais aussi sa fureur, il enleva sa marinière qu'il fit basculer par-dessus sa tête, ôta son chandail. Après avoir déboutonné sa chemise de chanvre, il en écarta les pans largement : une longue cicatrice rougeâtre traçait un sillon écœurant, barrant de haut en bas sa poitrine.

— Tu me reproches de renier ? dit-il d'une voix grondante, tu voudrais que je continue de vivre dans le pays où se trouvent ceux qui m'ont fait ça ? Je leur souhaite de crever noyés, d'avoir les tripes pleines de crabes, à ces salauds ! Le jour où ils seront morts, oui, ce jour-là seulement, je pourrai revenir ici. Fous-moi la paix, Pierre-Marie, j'ai du chagrin de quitter mon île, mais elle est trop mal fréquentée pour moi. Fous le camp, j'ai à faire.

La contagion fut fulgurante. Le recteurs et le maire durent en convenir, une maison sur deux s'apprêtait à fermer ses portes et ses volets. Dans toutes les ruelles du pays la frénésie du grand déménagement s'amplifiait. Des caisses, des baluchons, des meubles démontés et ficelés, des sacs étaient entreposés devant les façades. Telle une chenille infatigable, les hommes avec leurs fils les plus robustes poussaient ces chargements sur leurs brouettes jusqu'au port où ils entreposaient leurs biens au fond des cales des bateaux. Il leur avait fallu longtemps pour se décider au départ. Maintenant, à croire qu'ils voulaient rattraper le temps perdu, ils s'activaient avec cette hâte fiévreuse qui précède les débandades.

Cependant, tous ne partaient pas. Les anciens s'obstinaient à rester et endurer les privations. Ils se tenaient assis sur leurs bancs devant leur porte, la casquette de drap bleu avachie et délavée enfoncée au ras des sourcils, l'expression impénétrable. Dans leur robe noire, un châle sur les épaules, les femmes se tenaient auprès d'eux, enregistrant chaque détail du remue-ménage. Bouleversées, elles assistaient au départ de leurs fils ou de leurs filles qui s'en allaient sans regrets. Malgré le chagrin qui les affligeait — car ils savaient qu'une terre abandonnée aux vieux mourrait avec eux — ils ne disaient rien. Simplement, ils avaient refusé d'être du nombre.

— Qu'ils partent, puisque le goût du pain d'autrui les attire comme des mouches. Moi, je veux mourir ici sur la seule terre que Dieu m'a donnée ! avait proclamé Victoire.

22

Assis dans le fond de la cuisine sur le même banc où Adèle se tenait, les mains jointes sur ses genoux, Numa était atterré. Pendant que l'île était bouleversée par ses préparatifs, le mousse était venu chercher un peu de sérénité et de réconfort auprès de Basile. Tous ces gens qu'il connaissait bien, parmi lesquels il y en avait certains qu'il aimait beaucoup, partaient et cela lui causait un chagrin affreux. Toutes ces maisons qui se vidaient, ces processions de brouettes qui effectuaient des navettes entre le pays et le port lui arrachaient des larmes. Numa avait beau serrer les dents, plisser les lèvres, sa peine le submergeait. Il éprouvait ce désespoir violent et incoercible, qui arrive par vagues, propre aux adolescents quand leur univers se décompose. Eût-il fait partie du voyage, sa peine en aurait été atténuée : à douze ans, l'amour de sa terre n'était pas suffisamment enraciné dans son cœur, il n'avait pas encore accumulé assez de souvenirs pour que cette désertion le bouleversât : à son âge, il ne regrettait que des visages. Etre de la flottille qui s'apprêtait à appareiller lui aurait semblé d'un grand réconfort. Las, il n'avait même pas cette chance. Ceux que sa mère avait implorés, vraiment implorés, pour qu'on l'embarquât avec sa marmaille l'avaient vertement éconduite : une femme et neuf enfants, c'était une cargaison humaine par trop encombrante. De plus, il y avait la crainte qu'une fois atteints les rivages du continent, elle ne demeurât à leur charge. Jeanne allait donc rester et Numa avec elle.

Tandis que ses frères et sœurs étaient dehors, les yeux écarquillés par la curiosité, ne réalisant pas, grâce à leur jeunesse, la tristesse de la migration humaine, le garçon était demeuré un long moment dans la chambre où sa mère pleurait, inconsolable. Et puis, parce que l'adolescence, à la longue, endure mal les chagrins d'autrui, parce qu'à ses paroles de réconfort Jeanne répondait par un redoublement de sanglots, Numa avait quitté sa maison pour aller chercher un peu d'apaisement chez Basile. Pour ne plus voir le branle-bas qui révolutionnait le pays et lui serrait le cœur, le mousse avait pris la route dans le nord, qui contournait les maisons, et avait couru à perdre haleine jusqu'à la maison de celui qu'il considérait comme son unique appui. La porte étant ouverte, Numa entra en trombe et, haletant, se laissa tomber sur le banc près d'Adèle. Dès que les battements de son cœur se furent apaisés, le garçon lança d'un ton méprisant :

— Ils me dégoûtent tous, à détaler. Pas toi, Basile ?

Le maître du *Deo Gratias* ne répondit pas.

Adossé au mur de la cuisine, le visage fermé, il s'obstinait à fixer le ciel bleu qui apparaissait dans l'encadrement de la porte. Numa ne remarqua pas le comportement de Basile : le patron fuyait son regard, se dandinait d'un pied sur l'autre. Numa ne tint même pas compte de la petite tape qu'Adèle lui administra pour l'inciter au silence. Au contraire, ignorant l'avertissement discret, pour bien prouver à quel point il était solidaire et tout acquis à eux, le mousse dit sur un ton passionné :

— Je ne croirai plus ce que racontent les grands. Ils m'ont tous menti !

— Calme-toi, dit Adèle.

Numa se tut. L'émotion était trop forte et l'on sentait que les larmes étaient prêtes à jaillir. Trop de désillusions s'étaient accumulées dans son cœur. Le brutal éclatement de ce qui avait été son royaume d'enfant le bouleversait. Numa se sentait dupé. Tant que le malheur ne s'était pas abattu sur l'île, il avait toujours entendu les adultes lui parler avec orgueil de ces vertus antiques qui vantaient le courage, la générosité, l'obstination.

« Un homme ne doit jamais courber la tête ni mentir. Un homme ne doit jamais faiblir ni renoncer », lui avaient-ils enseigné. Numa les avait crus. Il ne s'était pas écoulé de jour qu'il n'eût voulu se révéler digne d'eux. Sans jamais la moindre récrimination, il s'était soumis à toutes les corvées. Pour aider sa mère, des après-midi entiers, il avait arraché les pommes de terre aux champs. Les reins meurtris, il les avait enfouies dans des sacs, charriées avec la brouette jusqu'à la maison de Jeanne, puis hissées dans le grenier. Ceux qui le voyaient plier sous la tâche l'encourageaient en lui disant : « C'est bien, Numa, tu te conduis en homme. » Les bonnes paroles fouettaient ses bonnes résolutions. Pour se montrer utile, lors des travaux dans le village, il se rendait à la fontaine remplir inlassablement des seaux d'eau destinés aux familles et aux abreuvoirs. Et encore et toujours : « C'est bien, Numa, tu te conduis comme un homme. » Les premiers temps, en mer, à force de ramer, il avait eu les paumes des mains éclatées et le frottement continu sur le banc de nage lui avait écorché les fesses à vif. A aucun moment, le mousse n'avait geint. « C'est bien, Numa, tu te conduis comme un homme. » Il en rougissait de fierté. A toute occasion, il tâtait la rondeur de ses bras encore bien frêles, épiant avec impatience le développement de ses biceps. Les gros muscles saillants des hommes le faisaient pâlir d'envie : un jour, il serait aussi fort qu'eux. A mesure que les souvenirs des misères endurées refluaient à sa mémoire, Numa réalisait l'ampleur de ce qu'il jugeait une trahison.

— Je les hais tous, Basile, ces salauds qui nous abandonnent ! dit-il, les lèvres tremblantes d'indignation. Même le recteur, ce sournois.

En pensée, Numa se revoyait encore dans l'église traversée par des courants d'air glacés, priant chaque soir interminablement, implorant la clémence du ciel. Pourtant Numa s'ennuyait à la messe. Il considérait que c'était là du temps perdu, qu'il eût été plus utile et intéressant de le consacrer à chasser avec son lance-pierres. Mais Jeanne avait insisté pour qu'il assistât aux offices. « Les sœurs et le recteur nous aident à vivre avec leurs dons, tu dois leur faire plaisir et prouver ta reconnaissance. » Numa s'était donc rendu chaque soir et chaque dimanche matin à l'église. Avec étonnement, il avait vu le nombre des fidèles décroître, mais lui tenait bon. M. Dolivier l'avait assuré, un après-midi, alors qu'il l'aidait à nettoyer la sacristie, que ses prières contribueraient à mettre un terme à l'affliction de tous et apporteraient du bien-être dans son foyer. Numa l'avait cru lui aussi. Avec désespoir, l'adolescent se sentait la victime d'une abominable imposture.

— Heureusement, dit-il avec un regard touchant de gratitude, que vous deux, au moins, ne partez pas. Sinon, je me serais noyé...

— Il faut me pardonner, Numa.

Le mousse releva la tête, surpris. Et son regard bleu eut une expression de panique comme s'il pressentait l'affreux aveu.

— Nous aussi on s'en va.

Le sang se retira du visage de l'enfant. Mais il ne dit rien. Adèle, près de lui, vit des larmes inonder ses yeux. Bouleversée par cette souffrance injuste infligée au mousse, la jeune femme aurait voulu le serrer contre elle, lui dire combien, elle aussi, était peinée de quitter sa maison, sa terre, mais Numa fut rapide. Il ne lui restait plus rien. Que sa mère larmoyante et cette tribu de frères et sœurs avec lesquels il avait si peu de chose en commun, comme s'il devinait confusément qu'ils n'appartenaient pas tout à fait à la même race.

Se levant d'un bond, Numa fila dehors et, sa crinière blonde au vent, courut vers la côte.

Plusieurs fois, Basile cria son nom, lui enjoignant de revenir. Puis, soudain, la peur le gagna. La menace de Numa lui était revenue à la mémoire : « Je me serais noyé. » Adèle dut y penser également car elle sortit à son tour.

— Il faut le rattraper ! dit-elle, affolée.

L'enfant avait déjà disparu derrière une petite butte et détalait vers la plage des Saouls, sans se retourner. Il courait en pleurant. Il courait vers la plage maudite et les battements sourds de son cœur résonnaient à ses tempes, couvrant les rugissements hargneux de l'Océan.

Basile connaissait bien son mousse. Aussi, renonçant à l'appeler, il se lança à ses trousses, laissant derrière Adèle, empêtrée dans sa longue jupe noire. La respiration sifflante, il lui restait encore quelque trois cents mètres avant de parvenir à la lisière du champ, là où l'herbe cédait sa place au sable, où la dune amorçait sa descente vers la plage. Basile les parcourut. Mais quand il atteignit la partie sablonneuse, il dut s'arrêter. Ses jambes le soutenaient à peine et il était asphyxié par la course. Il ne pouvait plus faire un pas ni prononcer un mot. Impuissant, il vit Numa entrer dans la mer. Au prix d'un effort douloureux, Basile dégringola la dune, traversa la plage, s'élança dans l'eau. Déjà Numa avait perdu pied et commençait à dériver vers le large. Malgré le feu qui lui brûlait la poitrine, Basile se mit à nager. En quelques brasses, il parvint à rattraper l'enfant qui flottait encore, l'agrippa par un bras, l'attira vers lui. La mer froide commençait à l'ankyloser et il sentit une barre douloureuse enserrer son crâne. A cause de la marée descendante, qui était forte, à cause du fardeau inanimé qu'il tenait contre lui, Basile éprouvait de grandes difficultés à regagner la côte. Adèle, arrivée à son tour, entra dans la mer et alla jusqu'à lui, pour l'aider. Basile était exténué.

Quand ils se retrouvèrent sur la plage, frissonnants dans leurs vêtements mouillés, ils restèrent longtemps abasourdis par le drame qui venait de se jouer. Numa gisait inerte. Le froid l'avait assommé. Lentement, il revint à lui, tandis qu'Adèle le massait pour le réchauffer. Il entrouvrit ses paupières bleuies. Comme si elle provenait de très loin, il entendit la voix d'Adèle qui répétait : « C'est mal d'avoir fait ça. » Dès que Basile lui eut fait cracher l'eau ingurgitée, il le prit dans ses bras. Un petit vent frais soufflait. Leurs habits trempés collaient à la peau. Ils reprirent le chemin qui les ramenait à la maison.

Dès que Numa fut déshabillé et séché, Basile l'installa sur son lit et le couvrit avec un vieux filet râpeux qui tenait bien chaud, plus sa capote cirée. Adèle lui fit avaler un bouillon d'algues, amer, qui atténua ses tremblements. Alors seulement l'homme et la femme se séchèrent et se changèrent.

Basile avait tiré une chaise vers le lit, et s'assit. L'émotion, la longue course, le sauvetage l'avaient épuisé. Mais il devait, à cet instant précis, rendre des comptes à Numa.

Le patron du *Deo Gratias* manquait de virtuosité avec les mots et les idées. Il s'était toujours méfié des beaux phraseurs. « Celui qui parle trop cache quelque chose derrière ses paroles », avait-il enseigné à Numa. Pourtant, en cette fin de journée, à la veille du départ, Basile aurait aimé savoir s'expliquer, pouvoir se justifier aux yeux de l'adolescent. Mais, d'avance, il savait que sa tentative était vouée à l'échec, qu'il ne parviendrait ni à se disculper ni à le convaincre.

Comment dire à Numa qu'il quittait leur île à contrecœur, qu'il se jugeait, avec honte, un renégat en laissant cette terre où il avait joué enfant, où reposaient ses parents, où, tout compte fait, il avait presque été heureux ? Comment lui avouer qu'il était, lui aussi, vaincu par trop de misères, qu'il était moins courageux que Numa ne l'avait cru ? Comment faire comprendre, à lui qui vivait encore dans le monde imaginaire de l'enfance, que le cheminement dans la réalité était rude et décevant, que l'amour et l'amitié étaient des sentiments fragiles et volages ? Comment lui faire savoir que, devenir un homme, c'était apprendre le scepticisme et accepter la solitude ?

Enfin, existait-il des mots capables de consoler et d'apaiser le désenchantement d'un enfant ?

Basile scruta le visage fermé et sévère de Numa qui ne le quittait pas des yeux, voulant espérer encore en un miraculeux revirement de situation.

— Ecoute, mon garçon, tâche de comprendre : c'est la faim qui me chasse d'ici. Mais je te promets que, dès que j'aurai gagné assez d'argent en faisant la pêche sur le continent, et que j'aurai de quoi acheter des provisions, je remettrai le cap sur l'île. Ce sera dans six mois ou dans un an peut-être, mais je reviendrai et nous naviguerons encore ensemble. Il faut que tu me croies, ne fais pas ta tête de mule.

— Tu as pensé à ceux qui restent, aux vieux, à ma mère et à nous. Qu'est-ce qu'on va devenir ?

Basile baissa les yeux. Il savait que, tôt ou tard, Numa lui aurait posé la question à laquelle il ne pourrait répondre, qui prouverait à l'enfant qu'il ne valait guère mieux que les autres.

Bourru, il dit alors pour en finir :

— Enroule-toi dans une couverture. Je vais te ramener chez toi.

Numa comprit que tout était fini. Le temps où il lui fallait apprendre la solitude était venu. Il n'avait presque plus froid. Bien que faible encore, il descendit du lit, s'enveloppa dans la couverture que lui tendait celui qui avait été son maître. Une fois dans la rue, il s'écarta lorsque Basile voulut poser sa main sur son épaule. Sans un mot, ils marchèrent côte à côte, l'enfant tenant la couverture bien serrée contre sa gorge, l'homme portant les vêtements mouillés. Enfin, ils arrivèrent devant la porte de Jeanne. Le mousse l'ouvrit, prit ses vêtements, eut un regard embarrassé pour la couverture, ne sachant s'il devait la restituer tout de suite ou enfiler avant des habits secs.

— Garde-la, dit Basile, gêné, ne sachant comment se séparer de l'enfant.

Numa le fixa de ses yeux si bleus, graves et pensifs. Il n'eut pas un sourire, pas un élan. Il entra chez lui. Sur le seuil de sa maison, il leva la tête. Très vite, juste avant de refermer la porte, il dit :

— Je t'aimais bien, Basile.

23

Quand le soleil se leva, un peu après 6 heures, la mer bien pleine avait une coloration claire et métallique. La petite brise qui soufflait depuis la veille n'avait pas faibli et les mouettes et les goélands se laissaient paresseusement porter par les courants aériens.

Numa n'avait pas fermé l'œil de la nuit. Dès que la clarté filtra à travers les fissures des volets, il se mit debout et s'habilla en hâte. Tout son monde dormait encore dans la chambre et le visage de sa mère, apaisé par le sommeil, avait retrouvé sa beauté sereine. Précautionneusement, Numa enjamba les matelas étalés sur le sol où reposaient pêle-mêle ses frères et sœurs, passa dans la cuisine et but de l'eau à la louche. En prenant soin de ne pas faire de bruit, il ramassa ses sabots qui traînaient sur les dalles et sortit. Le village et les champs alentour avaient encore cette brillance que déposait la rosée. Malgré son gros chandail de laine bleu, Numa eut froid. Les émotions de la veille, la nuit blanche, la fatigue mais surtout l'imminence du moment fatidique, et toutes ces pensées confuses, où ressentiment et chagrin s'enchevêtraient, avaient sapé sa résistance. Contrairement à son habitude, Numa ne coupa pas à travers champs, mais il emprunta la route qui conduisait au port. Comme il marchait d'un pas pressé, en faisant racler les semelles de ses sabots sur la terre, il rattrapa assez vite des groupes qui, poussant leurs brouettes ou les bras chargés de paquets, se dirigeaient vers le rassemblement des partants. Sans ralentir, il les dépassa, refusant de répondre aux brefs saluts que certains lui adressaient. Parvenu au pied de la croix de granit, Caro, dont la roue de la brouette s'était enlisée dans le sable sous le poids du chargement, lui demanda de l'aide. Numa hocha la tête négativement et poursuivit son chemin. Et puis, chose qu'il n'eût jamais osé faire auparavant, le mousse se retourna vers la femme de Lucas et lui cria méchamment :

— Va te faire foutre !

Satisfait de son insolence, Numa s'éloigna en direction du quai, insensible à la colère de Caro qui, poing brandi vers lui, hurlait :

— Crève ici, avec ta mère et ses bâtards.

En haut de la dune, le port lui apparut d'une animation inhabituelle et une cacophonie lui parvint. Sur les deux quais qui, jadis, étaient réservés aux filets, aux casiers, aux cordages bien lovés, s'entreposait un fourbi de meubles, caisses, malles et paquets qui ôtaient à ce lieu toute sa solennité. Les femmes piaillaient ou criaient ; les enfants s'égosillaient ou couraient en tous sens ; les hommes s'affairaient et s'énervaient. Même les bateaux avaient perdu de leur superbe. L'entassement sur leurs ponts de tout ce bric-à-brac domestique, ces amoncellements de mobiliers, de cuisinières, de colis, auxquels il fallait ajouter le grouillement des gens les faisaient ressembler à de navrants radeaux. Perché en haut de la dune, tapi derrière un échafaudage de casiers, Numa pensa que ce n'étaient pas là de bonnes fréquentations pour des bateaux.

Tout à coup, le cœur de l'enfant se mit à battre : Basile et Adèle venaient d'arriver. De tous ceux qui partaient, ils étaient les moins chargés : juste leur brouette avec deux malles et un gros baluchon que portait la jeune femme. Derrière eux ils laissaient tout dans leur maison bouclée à double tour, comme s'ils avaient voulu se donner une raison de revenir. Mais ils partaient néanmoins. Suivi d'Adèle, Basile se fraya un passage sur le quai encombré, marcha jusqu'au *Deo Gratias* dont les défenses frottaient doucement contre la cale. Sur la plage avant, il avait déjà rangé avec soin ses casiers, les gros pour les crustacés sur bâbord, les plus légers, pour les crevettes, sur tribord ; les filets, les cordages, les sacs à voile étaient disposés devant le banc de nage, à l'avant. Basile installa les malles puis le baluchon sur le pont. Quand avait-il procédé à ses préparatifs ? se demanda Numa. Peut-être après qu'il l'eut raccompagné chez lui. Le mousse imagina son patron, seul dans le port, au crépuscule, apportant son gréement de pêche à son bord, vérifiant l'étanchéité de la cale, puis mettant ses voiles à poste, bien ferlées. Numa ignorait qu'après cette tâche fastidieuse Basile avait effectué le tour de l'île, longeant la côte, retrouvant sous ses pas tant de souvenirs anciens ou récents. Parvenu à la crique où l'eau était si transparente que l'on pouvait y apercevoir des bancs de minuscules éperlans filer en zigzaguant, et même le pollen de la mer, Basile s'était assis sur ce même rocher où, enfant, il aimait venir rêvasser. D'autres, en un moment de leur vie aussi capital, auraient sans doute versé des larmes, mais Basile n'était pas homme à laisser ses sentiments lui brouiller la vue. Seul, face à cet Océan infini et gris sur lequel il avait tant bourlingué, il savait qu'il ne s'en irait pas impunément sans que ne se brisât une partie importante de sa vie.

Plus rien ne serait jamais pareil. Il aurait beau humer l'air, il ne sentirait plus au large le parfum des œillets sauvages qui poussaient sur les landes, ni l'odeur sucrée du figuier du recteur qui parvenait jusqu'au port. Même la cantilène du vent n'aurait plus ces modulations incantatoires, car le vent d'ailleurs ne courait pas aussi librement que sur la terre de l'île.

Comme s'ils avaient obéi à un ordre, tous ceux qui traînaient encore sur les quais embarquèrent. Les voiles furent envoyées et, non bordées, battaient nerveusement. Les unes après les autres les amarres furent larguées. Les bateaux évitèrent lentement et, à mesure que les voilures étaient réglées, mirent le cap sur la sortie du port. Sur chaque bord, alors que les femmes et les enfants se tenaient cois pendant les manœuvres, les hommes s'affairaient. Le premier à franchir la jetée fut Ange, puis le bateau de Lucas avec toute sa progéniture, puis Stanislas et Clovis, et puis les autres.

Dès que la flottille se fut trouvée en rade, prête à cingler vers le large, la population qui s'était entassée sur les bateaux oublia de contempler la côte de l'île, déjà accaparée par la frange du continent que l'on pouvait distinguer sans peine tant le ciel était pur.

Numa se dressa d'un bloc. Durant les préparatifs il était demeuré immobile. Mais toutes ces voiles qui s'éloignaient ravivèrent sa douleur. Quand il vit sur le *Deo Gratias,* en serre-file, Basile tourner la tête pour contempler ce bout de terre longuement, avidement, alors Numa se sentit animé par une force irrésistible. Se débarrassant de ses sabots, il dégringola la dune, traversa la plage, fila jusqu'à la cale qui s'avançait dans la mer. Des mouettes et des goélands qui se promenaient dans le ciel le regardèrent courir. Parvenu au bout, Numa bondit sur le muret de pierres larges qui ceinturait le quai. Poussée par la petite brise de nord-ouest la flottille s'éloignait. Alors, le visage en larmes, debout et misérable, Numa, les mains en porte-voix, cria de toutes ses forces :

— Reviendrez-vous ?

Le vent, peut-être, ou les cris gutturaux des mouettes couvrirent la réponse. Si toutefois il y en eut une.

Achevé d'imprimer
le 20.10.78
par Printer Industria
Gráfica S.A.
Provenza, 388 Barcelona
Sant Vicenç dels Horts 1978
Depósito Legal B. 32037-1978
Pour le compte de
France Loisirs
123, Boulevard de Grenelle
Paris

Numéro d'editeur: 3902
Dépôt légal: 4e trimestre 1978
ISBN: 2-7242-0404-2
Imprimé en Espagne